ALEXANDRA COIN

ENTRAVES

« Ce récit n'est pas un témoignage. Mais c'est un roman, reflet de notre époque. « Un miroir qui se promène sur une grande route[1]. »

---

[1] Stendhal, *Le Rouge et le Noir*. 1830

« Aujourd'hui, notre société de consommation veut tout gouverner. Il n'est plus question d'accepter l'impossible. Il est interdit d'interdire. La jouissance sans fin associée à une insensibilité à l'autre favorise la perversion ordinaire. Notre société en arrive au déni de l'existence d'autrui transformé en ustensile du fait d'une utilisation objectale. [...]

Actuellement, ces pervers narcissiques se développent d'une façon exponentielle, entre 10 % à 30 % dans la population générale, estime-t-on. Ce phénomène est inquiétant et nécessite une prise de conscience générale du problème. [...] Notre société est devenue une "fabrique de pervers."»

Dominique Barbier[1]

« Les hommes se trompent en ce qu'ils se croient libres ; cette opinion consiste en cela seul qu'ils sont conscients de leurs actions, et ignorants des causes qui les déterminent. »

Spinoza[2]

---

[1] Barbier Dominique, *la Fabrique de l'homme pervers.* Édition Odile Jacob. 2013

[2] Spinoza, *Éthique*, posth, II, prop. XXXV, Scholie. 1677

PRÉFACE

Le mal est une question fondamentale pour la philosophie et la psychanalyse.

Pourquoi l'homme est-il méchant ? Qu'est-ce qui justifie le viol, la torture, les atrocités, la violence, le terrorisme, les guerres ?...

Notre Occident a pu constater avec *la solution finale*, à quel point l'effort de culture est soluble, la sublimation effaçable, l'humanisme labile… La déportation, les camps de la mort pour les juifs, les Tziganes, les homosexuels, les handicapés et les malades mentaux sous prétexte d'un eugénisme qui cachait un génocide ont montré que la cruauté réside en chacun de nous, qu'elle est la part obscure de nous-mêmes que nous voulons ignorer. Le mal fait partie de notre existence. Chacun peut pactiser avec. Il est sans doute l'autre face, la rançon à payer d'une humanisation qui ne veut pas voir que l'homme est un animal inhumain ! Ne serions-nous pas tous damnés, demande Luchino Visconti ?

C'est toute la question de la pulsion. Se leurrer et croire à des chimères ou accepter que l'humanité de l'homme n'est pas inscrite dans son programme génétique ! Au commencement était le mal ! La pulsion ne nous confronte-t-elle pas immédiatement à la brutalité de l'homme ? L'honnête homme – à la différence du criminel – n'est-il pas celui qui accepte d'avoir des pensées criminelles, mais sait à temps les maîtriser parce qu'il refuse le passage à l'acte, qu'il a intégré l'interdit et qu'il détermine ses actes par son jugement critique ?

Il est à notre époque une variété particulière de mal qui se

5

développe de manière fulgurante, il s'agit de la *perversion ordinaire*, qui va culminer avec la *perversion narcissique*.

Freud évoquait, vers les années 1900, une névrose ordinaire largement dépassée de nos jours ! Il l'attribuait à la rançon de la civilisation et de l'effort d'humanisation.

L'essor considérable d'une *perversité généralisée* ne signe-t-il pas le déclin d'une civilisation où la vie humaine privée de transcendance devient privée de sens ?

Alexandra Coin est un auteur qui ose explorer le processus de victimisation et de reconstruction de soi, pour sortir de ses entraves. Son roman apporte un témoignage crucial sur la perversion narcissique, dont la description princeps est due au psychanalyste Paul Claude Racamier. Emma, l'héroïne, est à un tournant de sa vie. Elle prend conscience de certains rouages psychologiques et sociétaux qui pèsent sur chacun de nous et constituent une véritable violence, transformant les individus, les dénaturant, voire les déshumanisant. L'accomplissement de soi est indissociable de la lucidité sur le monde. Emma comprend qu'elle est engluée comme dans une toile par son mari et peu à peu, dans un processus libérateur, décide de sortir de son aveuglement, de chercher en elle un regard inventé pour une autre lumière.

Dans ce roman, on sent clairement l'impérieuse nécessité d'écrire dont le motif est certes cathartique, mais s'inscrit aussi dans un désir de transmission qui fait défaut à notre époque d'obésité communicationnelle (qu'on a appelé l'infobésité) et de zapping généralisé, qui sont l'opposé de la co-naissance...

En lisant *Entraves*, on voit immédiatement que l'auteur sort délibérément du conformisme ambiant. En effet, ce livre est dérangeant à plus d'un titre. Il est construit sur une revendication saine – mais trop souvent oubliée – à notre époque de paresse intellectuelle et de médiocratie : ne laisse jamais rien ni personne t'empêcher d'être toi-même ou te réduire au rang de déchet humain et n'oublie pas que l'évidence du premier coup d'œil n'est souvent qu'un leurre…

Page après page, on constate qu'il est possible de se révolter contre la banalité du mal… qui est en chacun de nous. La liberté intérieure suppose de sortir de la sidération, ce qui est le sens et la direction du Désir, dont les flèches tendues vers l'autre rive nous font entendre comme un écho cette maxime : « deviens ce que tu es ».

Cette *petite musique intérieure* au-dedans de chacun d'entre nous, suppose que nous soyons à son écoute, parce que sa voix chuchote dans un murmure à peine audible face au vacarme du monde…

Dominique BARBIER

(Psychanalyste, Avignon)

PROLOGUE

Émanation d'alcool et de javel mêlés. Des relents de transpiration méphitiques flottent comme de vagues cadavres venus éveiller ma conscience encore emmitouflée dans la ouate.

Une douleur fulgurante, semblable à du verre pilé, explose sous mon crâne, suivie de répliques tout aussi fortes, m'extirpant de mon apathique torpeur.

L'aigreur et l'amertume d'un passé encore indistinct affleurent.

Où suis-je ?

Combien d'heures ?

De jours peut-être ?

Je parviens à soulever mes paupières au prix d'un incommensurable effort.

Un plafond blanc.

Des murs blancs.

Une pièce vide.

Vide et absence qui absorbent mon âme consumée.

Quelques bribes d'une voix sans visage parviennent néanmoins à la surface de ma conscience.

« Bouffée délirante », « dépression », « cyclothymie »…

Un grincement.

Puis le silence.

Puis le noir.

Une obscurité si dense qu'il me semble la sentir s'immiscer en moi. Infâme vermine remontant le long de mon nerf optique, solidement agrippée à ma conscience. Je secoue désespérément la tête de gauche à droite pour tenter de m'en délivrer.

En vain.

J'essaie encore obstinément de relever le buste, puis le bras. Mes membres ne me répondent plus…

Je comprends qu'il ne peut en être autrement, le lit dans lequel je suis clouée est devenu un tombeau. Mes bras, comme mes jambes s'y trouvent solidement harnachés.

Mon corps se raidit instinctivement, à défaut de pouvoir bouger, et la panique me gagne, annihilant toute capacité réflexive. Une implosion sourde et continue paralyse mes sens, emplit chaque strate de mon cerveau, fracturant ma raison, creusant des failles insondables par lesquelles je m'abîme en un hurlement ultime. Effroyable vagissement venu déchirer le silence.

Les murs nus répercutent mon cri désespéré. Un autre lui fait écho, tout aussi pathétique.

Qui est-ce ?...

Que m'est-il arrivé ?...

Une lumière vive d'une violence blafarde vient à nouveau assaillir mes paupières entrouvertes, me ramenant un instant à la réalité.

Il me semble voir émerger des silhouettes spectrales dans l'encadrement de la porte.

À moins que ce ne soit l'effet de mon imagination.

Comment savoir ?...

Après que mes yeux se sont accoutumés au puissant éclairage artificiel, je distingue plus nettement les blouses blanches. Probablement celles de médecins.

De médecins !

Pourquoi ? Comment… ?

Aucune parole n'est prononcée. Une main blanche gantée brandit une seringue. La seconde suivante, une douleur aiguë traverse mon bras gauche, remontant jusqu'à ma poitrine.

Les deux silhouettes s'évaporent. L'obscurité totale envahit à nouveau ma chambre.

J'ai peur…

Et puis je me souviens. Je me souviens que j'ai atteint le point de non-retour.

Je ne serai jamais plus la même.

Je me souviens de l'imposture qu'est devenue ma vie.

Et de la manière dont cela s'est terminé.

Oublier. Vite…

Mes yeux sont ouverts. Pourtant, je ne vois plus rien.

Je sombre.

PARTIE I.

LA CAVERNE

CHAPITRE 1

LASTOURS. Quelques années plus tôt

Elle posa l'assiette devant lui sans qu'il ne relève la tête. Elle lui avait préparé des lasagnes, son plat préféré, et restait suspendue à son verdict. Il n'avait toujours pas ouvert la bouche. C'était bon signe. Cette pensée la rasséréna un instant.

Pendant ce temps, Louise, leur fille de six ans, se mit à pleurer en se trémoussant sur sa chaise. Néron, l'un de leurs bergers allemands, lui avait encore dérobé son chausson et était parti le mâchouiller dans son panier, renversant au passage l'une des chaises qui gisait désormais sur le carrelage de la cuisine.

Illario jeta sur sa femme son regard noir plein de reproches. Bordel ! Impossible de terminer un repas dans le calme !

Emma se leva docilement, prenant sur elle pour ne pas exploser. Elle redressa la chaise, alla chercher le chausson dégoulinant de bave, retourna se laver les mains. Néron la suivait, essayant de récupérer la pantoufle, sautillant derrière elle, tout guilleret, déposant au passage de la salive sur son pantalon, la langue pendante et sa queue remuant frénétiquement.

Les gestes d'Emma étaient mécaniques et nerveux. Une tension contenue couvait à chaque instant. Résignation et bouillonnement cohabitaient difficilement en elle et menaçaient d'imploser.

— Puisque tu es debout, ramène-moi du fromage et un dessert.

Emma baissa les yeux vers l'assiette de son mari. Il avait à peine touché au plat.

— Les lasagnes ne sont pas bonnes ?

Le ton de sa voix traduisait une déception mal dissimulée.

— Tu plaisantes, j'espère… Quand tu les auras goûtées, tu poseras plus la question…

Sa réponse n'était que mépris. Comme d'habitude.

Elle lui rapporta son fromage préféré, du gorgonzola et un yaourt nature, comme d'habitude.

Comme d'habitude, il les ingurgita machinalement, sans apprécier ce qu'il avalait, imperturbable, les yeux rivés sur l'écran de télévision qui trônait contre le mur de la cuisine et vomissait les nouvelles du jour.

Sans un regard pour elle.

La chaîne info annonçait cette fois un nouveau crash aérien. Dans les Alpes. Près de 150 victimes.

« L'A320 a heurté la paroi rocheuse de plein fouet et à pleine puissance. »

— C'est quoi un crash ?

La petite Louise fixait l'écran les yeux écarquillés, hypnotisée par les images d'horreur et les propos tragiques qu'elle entendait.

— C'est un accident d'avion. Mais t'inquiète pas. À cette vitesse, quand on meurt, on sent rien.

L'enfant baissa les yeux et joua avec sa fourchette dans l'assiette. Emma se décomposa, incrédule. Illario leur fichait le cafard tout en entretenant une lente sinistrose. C'était si habituel qu'Emma avait instinctivement appris à se résigner, après plus de sept ans de mariage. Dans sa tête, toujours un vieil air romantique quand la crise survenait. Un vieux tube des années 80. Pour oublier.

Elle se força, pour ne plus y penser, à goûter aux lasagnes qui n'étaient pas si mauvaises. Le cœur pourtant n'y était pas. Toutes ces images horribles lui avaient retourné l'estomac.

Pourquoi Illario s'obstinait-il à mettre le journal télévisé quand ils passaient à table ? Ne voyait-il pas qu'il traumatisait Louise ?

Emma s'était-elle formulé la question consciemment ? Difficile de savoir. Elle était aussi énigmatique qu'Illario était égoïste. Sa personnalité était totalement gommée par celle de son mari. La lassitude la minait. Elle refusait néanmoins de le reconnaître.

Elle n'en pouvait plus de sa vie. Qu'aurait-elle pu y changer ?

Illario avait peut-être raison, elle était certainement dépressive. Elle avait en effet tout pour être heureuse. Une petite fille adorable, un mari disponible puisqu'il ne travaillait pas depuis qu'il s'était mis en tête de faire fortune avec l'or noir, la truffe, en s'investissant à fond dans le cavage. Avec ses chiens tout d'abord. Puis avec de mignons petits cochons venus s'ajouter à la meute. Ils avaient aussi une grande maison certes vétuste, mais de celles qu'elle avait par ailleurs toujours rêvé d'avoir. Une maison retirée, en pleine campagne. Et elle exerçait le métier auquel elle aspirait déjà étant enfant, professeure de lettres.

Pourquoi alors ce profond sentiment de vide et d'inanité ? Peut-être parce que le scénario de *La petite maison dans la prairie* ressemblait désormais davantage à celui du film *Le village*.

Illario disait que cela venait sûrement de son enfance, la mort de son père qui s'était suicidé lorsqu'elle n'avait que trois ans, l'absence de sa mère qui avait dû trimer à faire des ménages pour élever seule ses deux filles et qui était souvent éreintée en rentrant le soir. Usée par la vie et les épreuves.

— Tu fais encore la gueule, à ce que je vois. Encore un week-end pourri à venir ! se plaignit Illario en quittant la table pour aller fumer sa clope.

Sa longue silhouette disparut à l'entrée de la cuisine, dans l'encadrement de la porte qu'il laissa entrouverte et au-dessus de laquelle siégeaient les trophées et diplômes qu'il avait décrochés lors des concours de cavage.

Louise n'avait toujours pas touché à ses lasagnes non plus. Elle ne cessait de s'agiter. Une fesse sur la chaise, l'autre dans le vide. Sa fourchette restait suspendue au-dessus de son assiette, comme une vague canne à pêche semblant attendre le poisson qui viendrait mordre à l'hameçon.

— Il faut que tu manges ma chérie.

— C'est pas bon, gémit-elle.

Elle regarda sa mère d'un air mi-provocateur, mi-charmeur. Emma lui trouvait parfois la même attitude équivoque que son père. Elle se plaisait en tout cas à l'imiter.

Comme à chaque repas, Louise attendait que sa mère la fasse manger, ce qu'Emma fit par lassitude alors qu'elle savait que ce n'était pas rendre service à sa fille à son âge. Elle passa encore dix bonnes minutes à donner la béquée à Louise.

Par la porte entrouverte, le froid glacial s'engouffrait dans la cuisine en même temps que les relents de cigarette. Le thermomètre affichait -2 degrés en cette soirée de décembre et le vent d'autan venait fouetter la façade de la ferme.

Emportée par le tourbillon glacé, à la minute suivante, Emma se retrouvait en enfance, dans la cuisine de sa grand-mère dans un mas provençal. Son voyage imaginaire avait toutes les allures de l'exil. Elle aimait se réfugier dans ce passé, écoutant, hypnotisée, les très anciennes légendes que son aïeule se plaisait à lui conter jadis. Sa préférée était celle du Mistral, vent à la fois impérieux et protecteur. Le « souffle de Dieu » lui disait-elle. Et grand-mère racontait alors de son air mystérieux et son accent chantant l'histoire des villageois qui un jour épuisés par les accès de colère du vent l'avaient barricadé jusqu'à ce que l'été venu charrie avec lui les signes avant-coureurs d'une épidémie. Putréfaction et insectes agressifs dévoraient la terre

15

sèche et désolée. « Malheur à qui prétend lutter contre les forces de la Nature ! » La malédiction proférée par sa grand-mère faisait frémir la petite Emma. Contraints et forcés, les villageois s'étaient résignés à libérer le vent pour qu'il chasse la maladie loin, très loin de leur territoire. Et ils avaient compris la leçon. Bourrasques, tourbillons et autres rafales constituaient un bien piètre mal dont il valait mieux s'accommoder…

Une résignation qu'Emma n'avait pas oubliée. Elle la vivait au quotidien aujourd'hui, bouillonnant intérieurement de devoir subir, tout comme Louise, le froid et l'odeur de cigarette, mais elle se tairait cette fois-ci. Elle avait déjà essayé de lui dire. Elle s'y était usée.

Elle n'était qu'une emmerdeuse ! La porte était ouverte et elle ne pouvait pas sentir le froid et encore moins l'odeur ! Elle lui cherchait une histoire, c'était sûr !

Comme d'habitude.

Et Emma refusait par-dessus tout les histoires.

Elle n'avait de cesse de satisfaire son mari et sa fille sans jamais se sentir à la hauteur.

Des doutes, toujours. Invisibles à l'œil nu. Profondément ensevelis au fond d'elle. Sous des montagnes d'oubli et de refoulement. D'espoir, peut-être encore ?

Elle compensait en s'échinant à les rendre heureux.

Elle ne tendait qu'à cela.

Ne souhaitait que leur bonheur.

Mais quelquefois, c'en était trop.

Ne s'était-elle pas trop longtemps oubliée ? Était-ce vraiment ce à quoi elle aspirait ?

Chasser les interrogations en se remettant à la tâche… Vite !

Emma se leva brusquement, autorisa Louise à quitter la table même si elle n'avait pas fini son assiette et elle débarrassa. Puis elle fit la vaisselle, comme chaque soir, et alors qu'elle effectuait les allers-retours jusqu'à l'évier, elle trouva une nouvelle échappatoire dans ses rêves, pourtant motifs de maintes semonces. Oublis, défaut d'attention, étourderie ou simple rêverie déclenchaient invariablement la colère d'Illario.

Elle se réconforta ce soir-là en pensant à Noël, le regard perdu au fond des assiettes à peine touchées.

Noël qui approchait à grands pas.

Noël, promesse de légèreté et de féerie.

La fête se devait d'être parfaite ! Son perfectionnisme intrinsèque n'avait d'égal que son altruisme et son besoin d'amour. Mais Emma l'ignorait. Elle se connaissait si mal.

Faire de Noël une fête inoubliable, elle se le formulait comme un devoir à l'égard de Louise. Pourtant, l'enfant n'avait jamais véritablement connu cette magie de Noël que les parents prévenants prenaient généralement soin d'entretenir avec bienveillance et tendresse. Le lendemain, elle préparerait le sapin avec sa fille. Ce serait leur petite joie du week-end et son rachat coupable pour l'inanité de la vie qu'elle faisait subir à sa fille en tolérant les excès d'Illario.

Il n'était ni un mauvais mari, ni un mauvais père, après tout. Il était juste un peu bourru.

Ces préparatifs seraient une brève escale en enfance. Accrochée aux rives désormais bien lointaines de l'insouciance.

Mais pour l'heure, Emma ne rêvait plus que d'une chose, aller enfin se coucher.

Dormir pour oublier.

Elle était si fatiguée.

CHAPITRE 2

SAINT JOHN'S

— Je suis le docteur Morlov. C'est moi qui vais vous soigner pendant votre séjour. Vous avez bien mangé à midi ?

La voix douce et pondérée résonne comme une berceuse. Pas suffisamment douce toutefois pour évacuer le vertige et cette sensation nauséeuse, conséquence d'un long sommeil comateux et agité.

Une vie en miettes s'étale devant moi.

Une vie faite de regrets et de désillusions.

Mon passé et les raisons de mon internement m'apparaissent clairement.

Malheureusement.

Je les chasse aussitôt. C'est une douleur trop vive que je n'ai pas l'intention d'examiner à nouveau.

Pas le moment pour les interrogations.

Ne pas penser.

Faire le vide.

Parler d'autre chose.

Impossible néanmoins… Le doute est plus fort.

— Depuis combien de temps suis-je ici ?

Éludant totalement ma question, le docteur m'en pose une autre, sur un ton énigmatique :

— Avez-vous encore des idées noires, Madame Morelli ?

Cette question me déstabilise. Nulle envie de me livrer à quelconque introspection. Je saurai par la suite que c'est pourtant un passage obligé après une tentative de suicide. Ces questionnaires n'ont d'autre but que de me faire entrer dans une case correspondant à une pathologie et me délivrer le médicament et le soin les plus aptes à annihiler angoisses et interrogations. Je ne sais pas non plus que les psychiatres posent des questions sans jamais répondre à celles du patient. Pure rhétorique.

Je l'apprendrai. À mes dépens.

Et m'y plierai. Contre mon gré.

En établissement psychiatrique, on apprend à obéir sans réfléchir. Ce n'était pas là une grande nouveauté pour moi. Je venais de pénétrer un univers avec ses propres règles, souvent absurdes, rigides et dégradantes, mais des règles qu'on ne peut que subir quand on se retrouve, totalement soumis, entre les quatre murs d'un HP[1].

En outre, que croit-il ? Si je croupis dans cette cellule alors que l'on vient tout juste de me délivrer de mes contentions, c'est qu'il est assez évident que je broie du noir. Une douleur persistante dans le crâne me confirme que non, certainement, je ne vais pas très bien.

J'éprouve un tel vide dans et hors de moi... Je comprends toutefois qu'il est préférable de lui donner la réponse qu'il attend, expérience de huit années passées à peser mes mots pour éviter les conflits...

— Je me sens mieux. Je vois le bout du tunnel... Je vais pouvoir quitter cette chambre ?

Réponse stupide, ma pauvre ! Pas du tout spontanée. Mais c'est trop tard. Le docteur Morlov a ses yeux plantés dans les miens. Il me scrute, encore. Je suis mise à nue.

Nos deux regards se figent en même temps, jaugeant l'autre.

Venant de l'extérieur, un bruit étrange. Entre braillement et gloussement.

Le docteur Morlov ne réagit pas. Il griffonne dans son bloc-notes puis me regarde à nouveau, prenant le temps de formuler sa réponse.

C'est à cet instant que je les remarque. Ses yeux vairons. Un iris bleu gris et l'autre marron. Étrange hétérochromie qui m'a toujours fascinée. Probablement à cause de David Bowie, mon idole de jeunesse… Ou peut-être encore à cause de mes lectures. J'avais lu qu'au Moyen-âge, certaines âmes maudites avaient été taxées de sorcellerie et avaient été condamnées au bûcher simplement parce qu'elles avaient les yeux vairons. « Ceux du diable », selon une vieille légende oubliée.

Probablement suis-je un peu sévère avec cet homme finalement. Il paraît sympathique. Sa physionomie m'inspire confiance et, après ce que je viens de traverser, j'ai gagné en perspicacité de jugement quand il s'agit de sonder les individus. Le docteur Morlov est un quadragénaire élégant et charmant. Un charisme serein émane de son être, bien loin des clichés du psychiatre un peu bourru et parfois aussi dérangé que ses patients.

Vu ce qui vient de m'arriver, il faut de toute façon que je me fasse aider.

Résignation et lassitude...

Ou l'effet des médicaments ?

Je me sens aussi détruite.

Dévastée…, l'adjectif me semble davantage approprié.

Plus confiance en rien ni personne.

Mais un médecin, c'est différent.

Pourquoi ne pas lui laisser sa chance ?...

— Que diriez-vous de commencer par un repas dans la salle commune ?

Il guette ma réaction.

— Pourquoi pas…

Réponse accompagnée d'un demi-sourire forcé.

— Vous descendrez dîner au salon ce soir alors. Une infirmière vous y conduira et vous remontera ensuite… Je passerai vous voir demain.

— Merci docteur.

Il sourit lui aussi, me serre la main. Bizarrement, le courant passe assez bien entre nous. Je me détends un peu.

— À demain, madame Morelli…

Il tourne les talons. Je crois entendre le tintement de clés sans en avoir la certitude, œuvre de mon esprit encore un peu vaporeux.

L'effluve du parfum de bois de cèdre du médecin laisse une empreinte agréable et imprévue. De ces odeurs « madeleines de Proust » qui vous collent à la peau.

Celle d'Illario, c'était autre chose… J'en ai encore le tournis rien que d'y penser. Une fragrance masculine propre à faire tomber les midinettes comme les mouches. Pour ma part, ce n'est pas la chute que j'attendais… Rien que le fait d'y repenser me noue les tripes. Son souvenir reste obstinément accroché à moi comme une tique affamée.

Quelle idiote ! Comment ai-je pu être aussi naïve ?

Et aussi malléable…

Qu'espérais-je préserver alors ?

De la petite fenêtre grillagée de la chambre, un rayon de soleil perce. L'été est revenu.

Des couleurs et odeurs nouvelles font certainement à nouveau surface.

Que je ne goûterai pas…

Les saisons s'enchaînent invariablement.

Louise a dû encore grandir.

Ma Louise. Ma fille…

Cette nouvelle pensée m'est immédiatement insupportable.

Je l'écarte. Me claquemure, comme je sais si bien le faire.

Pourtant, c'est une torture nécessaire à endurer si je veux avoir une chance de la serrer à nouveau dans mes bras.

Perte, douleur, injustice… Je plonge à nouveau… Les souvenirs sont trop pénibles à revivre.

J'ai voulu mourir.

Mais je me dois de vivre.

Ou survivre.

Il le faut…

Les paroles de mon collègue Alexandre remontent à la surface : « Ne vouloir que ce qui dépend de nous… »

Nos conversations me manquent.

M'approprier ce constat stoïcien…

Laisser de côté la révolte…

Faire place peu à peu à un détachement froid et lucide…

De si belles paroles…

Aurais-je la force de les mettre réellement en pratique ?

Je me sens lâche et inutile.

…Qu'ai-je fait de ma vie ?

Toujours ballottée comme une poupée de chiffon inerte, laissant mes proches décider à ma place.

J'ai même raté ma mort ! Incapable d'aller au bout d'une seule décision.

Et maintenant, je reste là. Invisible dans la solitude. Mon existence rythmée par de longues minutes insignifiantes.

D'heures peut-être ?

Seule diversion, m'occuper l'esprit autrement que par Louise et ma culpabilité toujours aussi vive.

Mais comment meubler le temps dans un tel endroit dépouillé de toute humanité, de toute chaleur, de toute forme de distraction ?

L'examen plus détaillé de la chambre ne m'apporte pas de

réponse.

Chambre, ou plutôt cellule.

Une fenêtre avec des barreaux.

Des murs blancs.

Aucun meuble à part le lit et une chaise.

Aucune porte hormis celle d'entrée.

Pas de sanitaires individuels.

Un dépouillement à la hauteur de mon vide intérieur.

Et les minutes qui passent font renaître le doute et mes interrogations incessantes.

Spirale mortifère.

Je m'emploie à compter les carreaux au sol pour tuer le temps, les assemblant symboliquement en des formes excentriques. Attentive également au moindre bruit de l'extérieur pour oublier l'internement. Le chant furtif d'un oiseau plutôt que le cliquetis des clés qu'il me semble encore entendre. L'éclat de voix d'un enfant recouvert presque aussitôt par un nouveau râle étrange de l'autre côté du mur.

Comment ne pas devenir fou dans un tel endroit quand bien même on ne le serait pas encore en entrant ?

Au bout d'un laps de temps indéterminé, la porte s'ouvre et une infirmière me salue avec indifférence.

Aline - c'est son nom ou, en tout cas, ce qu'indique son badge - me propose de me conduire jusqu'aux douches communes afin de me préparer pour le dîner du soir.

J'acquiesce bien évidemment - ai-je d'autres alternatives ? - et je la suis dans un couloir anonyme, blanc, vide. Aseptisé lui aussi. Laissant les chambres défiler au rythme de leurs numéros qui s'égrènent.

Un numéro, voilà ce que je suis devenue moi aussi.

J'ai perdu ma vie, mon âme et mon humanité.

Depuis combien de temps ne me suis-je plus sentie femme ? Je me souviens seulement d'avoir été mère et épouse. Réduite au rang

23

d'objet depuis bien longtemps.

Me voilà donc blindée pour affronter l'asile…

Dois-je m'en réjouir ou pleurer ?

Il me semble avoir perdu toutes mes larmes. J'ai déjà trop pleuré.

Peu avant d'arriver au bout du couloir, Aline ouvre une porte sur la droite, dévoilant les douches. Je jette un coup d'œil indifférent. Je n'ai pas à me plaindre, l'endroit est relativement propre et les cabines sont individuelles. Bien sûr, aucune ouverture. Seule la lumière artificielle blafarde éclaire les lieux. Je m'en contenterai…

Elle me tend une serviette, un savon et des vêtements qui ne sont pas les miens, mais ceux anonymes de l'hôpital. Un pantalon grisâtre et une tunique de la même couleur. Des sous-vêtements en coton qu'un octogénaire n'oserait pas porter.

Nouveau déguisement à endosser. La déshumanisation poussée à son paroxysme…

Pourquoi l'idée n'est-elle jamais venue à ces éminents spécialistes de proposer des tenues plus agréables et seyantes aux malades ? Sont-ils à ce point convaincus que la sérénité de l'âme ne peut passer que par les traitements chimiques ? Ou bien sont-ils si indifférents qu'ils n'y ont jamais songé ? Ces quelques absurdités pourtant ne m'étonnent plus. Simple constat de mi-parcours. L'effet d'une profonde lassitude encore décuplée en ces lieux.

Je pénètre dans une des cabines de douche anonymes. La sensation chaude et douce de l'eau sur la peau me revigore néanmoins.

« On apprend à se satisfaire de choses simples quand on n'a plus rien… » Alexandre avait encore une fois raison… On se ménage les plaisirs qu'on mérite…

Nos échanges de mails me reviennent en mémoire.

…Nos partages de points de vue sur la philosophie, le quotidien, un livre ou un bon film. Il savait me soutenir d'une phrase, d'une pensée.

Maintenant je suis seule.

Totalement seule.

Mes yeux perdus dans le vide accrochent le mur blanchâtre. Seul réconfort…

Dans l'angle de la douche, en petits caractères minuscules, quelques mots hiéroglyphes sont incrustés dans la peinture. Un cri de détresse que je tente de déchiffrer…

« À force de contempler l'abîme, l'abîme regarde à travers toi… »

Un frisson me parcourt. L'abîme… un mot que je n'ai ni envie d'entendre ni de lire aujourd'hui.

Je m'ébroue avant de quitter la douche, tentant de chasser les gouttes d'eau comme les souvenirs encore trop prégnants.

Puis je sors.

Me sèche rapidement avec la serviette aussi douce qu'une éponge à récurer et enfile maladroitement ma tenue de circonstance.

Mes angoisses persistent. Tenaces.

Que vais-je bien pouvoir faire ce soir au milieu des autres patients ?

Vais-je avoir la force de tenir ?

À peine sortie de la cabine, l'infirmière toujours renfrognée manifeste déjà son impatience par son regard appuyé et sa moue déplaisante. C'est sûr qu'il doit y avoir mieux à faire qu'escorter toute la journée des *zombies*.

Les mains enfoncées au fond des poches, elle me reconduit impatiemment jusqu'à ma chambre. Au pas de course. Ses deux grosses fesses se balancent devant moi, flasques, sous sa blouse. Mes cheveux mouillés dégoulinent sur ma tunique bien trop large pour moi. Le sèche-cheveux est un des objets absents de cet univers carcéral. Peu m'importe pourtant. À quoi bon ?

Même trajet mécanique dans le couloir morne.

Je pénètre à l'intérieur de ma « chambre » et la lourde porte se rabat aussitôt sur moi.

Sans autre parole.

Encore de longues minutes seule.

Je n'ai toutefois pas le temps de compter les carreaux au sol. Je m'écroule de sommeil.

Peut-être l'effet des somnifères ?

_____

1. Hôpital Psychiatrique

CHAPITRE 3

LASTOURS

Emma venait de déposer l'étoile tout en haut de la cime du petit sapin artificiel. Elle se recula de quelques pas pour admirer l'ensemble. Le résultat était plutôt satisfaisant. Elle esquissa un sourire. La mère et la fille y avaient mis tout leur cœur et leur application malgré la médiocrité des décorations qu'Emma avait pu se procurer.

« Pas de dépenses pour ce genre de futilités », rappelait froidement son mari comme un disque rayé.

Il fallait composer avec l'attitude totalement indifférente d'Illario ou ses remarques venimeuses : « Il faudra bien que Louise ouvre un jour les yeux sur ce monde pourri. Alors, pourquoi continues-tu à mentir à ta fille ? »

Le conifère résistait, clignotant et illuminant le salon sombre que n'éclairaient que deux étroites fenêtres ouvertes sur la vallée escarpée. Le sapin était rehaussé à l'aide d'un guéridon. Sa cime partait à la conquête des poutres basses qu'elle atteignait presque. De l'autre côté de la pièce, les flammes de la cheminée renvoyaient leur lueur mouvante qui accompagnait celle de la guirlande lumineuse. Le canapé d'angle couleur chocolat, recouvert d'un plaid en velours du même ton, reflétait lui aussi des éclats mordorés. Le salon baignait ainsi entre ombre et lumière, des nuances qui trouvaient un écho dans l'esprit d'Emma. Chaque être comporte une face d'ombre, la jeune femme en avait pleinement conscience.

Elle se retourna et posa son regard sur celui de Louise. Ses yeux espiègles brillaient à la lueur de la guirlande. De jolies boucles blondes rebondissaient sur ses frêles épaules. Son regard trop profond pour ses six ans et son sourire figé contrastaient avec son attitude enfantine et candide. Sa petite fille avait tellement grandi. Un peu trop vite certainement.

Il paraissait bien loin le jour de sa naissance.

Bien loin aussi, le jour où Emma avait rencontré Illario et accepté sa demande en mariage une semaine seulement après le début de leur relation.

Ce passé était pourtant bien présent dans sa mémoire tant il avait fait basculer sa vie. Illario s'y était introduit tel un ouragan, faisant table rase du passé. Comme beaucoup de jeunes femmes rêveuses, Emma n'avait voulu voir dans cette rencontre que celle d'un signe providentiel. Un scénario romanesque propre à l'émouvoir. Elle était bien trop crédule et enthousiaste pour prendre conscience qu'elle n'était alors que la proie d'un prédateur d'un nouveau genre, un pion aveugle sur l'échiquier du mâle.

De neuf ans son aîné, Illario s'était immédiatement imposé à elle. Son regard l'avait tout de suite fascinée. Des yeux noirs perçants, un front haut, un sourire enjôleur, une voix posée et charmeuse. Un bel Italien à la présence indéniable. Elle avait vite succombé même si elle était en couple à ce moment-là. Mais un couple déjà bancal. Pourquoi avait-elle ce don pour choisir des hommes qu'il ne lui fallait pas ? Elle était toujours attirée par des *Dons Juans* dans les bras desquels elle se sentait protégée, mais dont l'apparence sécurisante n'était en fait que du vent et un fallacieux prétexte de séduction, puis de soumission.

Voire de destruction.

Quand Illario a commencé à lui faire la cour, son petit ami,

Fabrice, musicien, avait prévu d'entamer une tournée d'une année avec sa bande de potes alors qu'Emma projetait de l'attendre gentiment avant de pouvoir fonder une famille. À ce moment-là, elle avait vingt-six ans. Elle brillait par son manque d'assurance et son besoin d'amour, Illario par son charme et son baratin.

Ils étaient faits pour être ensemble.

Il l'avait rappelée quelques semaines plus tard, se débrouillant pour obtenir son numéro de téléphone. Il n'avait déjà pas l'habitude de se laisser décourager par les obstacles et savait parfaitement utiliser ses nombreuses relations. Emma avait alors été à la fois surprise par une telle audace et séduite par cet acharnement si romantique. Les appels s'étaient multipliés et Illario était bien vite devenu son prince charmant.

Elle avait quitté Fabrice.

Au bout d'une semaine, Illario, gentleman, lui avait déjà offert sa première bague, signe de son engagement. Une bague sertie d'un petit diamant. Un bijou de famille, lui avait-il assuré.

Discours idéalement rodé. Emma ne saurait jamais que c'était là un présent qu'une ancienne petite-amie lui avait restitué. Elle était bien trop crédule pour cela. Pur produit de la génération *Club Dorothée* et de la *Disneymania*, elle buvait ses paroles, élixir d'amour toxique.

Illario paraissait avoir succombé à un coup de foudre imprévisible, mais irréversible. C'était en tout cas ce qu'il lui laissait entendre et ce qu'elle voulait bien voir, nourrie de ses propres fêlures d'enfance. Dans l'esprit rêveur d'Emma, ce désir insatisfait, ce terrible besoin à combler. Des doutes et des failles aussi. Et, quelque part, encore en germe, mais prête à éclore, la présence rassurante d'Illario qui venait répondre à toutes ses attentes de petite fille. Le ver était dans le fruit et elle était mûre pour croquer la pomme.

Quatre mois plus tard, ils s'envolaient déjà vers l'Italie, direction Venise, afin de célébrer leur mariage dans la cité mythique, gage d'une union parfaite.

Destination idyllique, pourtant déjà aussi superficielle que leur relation naissante.

Emma revivait régulièrement ce voyage, là où tout avait commencé et tentait de lire les signes. Elle s'évertuait pourtant à idéaliser leur lune de miel. La réalité était bien plus terne.

Dès leur arrivée dans la ville des amoureux, les événements ne semblaient pas placés sous les meilleurs auspices. L'agence de voyage était censée avoir tout organisé. Réservation de la salle, photographe, coiffeur, maquillage, repas, témoins, suite nuptiale. Tout avait été réglé par avance. Pourtant, il manquait apparemment le fameux *voucher*, précieux sésame qui aurait dû leur permettre de bénéficier des différentes prestations. Emma se désola à la pensée qu'il ne resterait pas même une photo de leur mariage. Bien sûr, reconnaissait-elle, l'agence n'avait pas fait correctement son travail, mais ils régleraient le problème à leur retour. Pour l'heure, elle envisageait de débourser la somme nécessaire et se marier dans les conditions qu'ils avaient initialement prévues.

Illario n'était pas de cet avis.

Le voyage et la robe de mariée d'Emma avaient déjà coûté bien assez cher ! De plus, pourquoi ne pas se marier tout simplement à la sauvette sur une gondole, en récupérant deux touristes comme témoins improvisés ? Quant aux photos, quelle utilité à de tels souvenirs ? N'était-ce pas plus important de profiter du bonheur présent ? Carpe diem.

Illario connaissait déjà assez bien les tendances anticonformistes d'Emma qu'elle cachait sous une sage apparence ainsi que son goût de l'aventure pour lui servir la meilleure réplique.

Un rôle sur mesure pour lui.

C'était sans compter sur l'inaltérable esprit romanesque de la jeune femme. Elle n'était pas venue jusqu'ici pour l'épouser à la sauvette.

Elle avait accepté un mariage sans invités ni famille, à des centaines de kilomètres de chez elle, quatre mois après leur rencontre, elle n'était pas prête pour autant à renoncer à tous ses rêves de petite fille et aux contes de fées qui avaient façonné son idéal amoureux. En quête d'affection, à la recherche du grand amour, elle s'était jetée corps et âme dans cette passion aussi fulgurante que mystérieuse, mais elle ne reviendrait pas sur ses attentes qui, bien que décadentes, constituaient pour elle le ciment de leur nouvelle vie à deux.

Peut-être aussi se berçait-elle d'illusions en pensant que le décor préserverait ce conte de fées et qu'ainsi le carrosse ne redeviendrait pas citrouille... ?

Toujours est-il que son prince charmant avait fini par accepter de lui offrir le mariage dont elle rêvait, non de gaieté de cœur, ne manquant pas de lui signifier qu'il avait cédé par amour pour elle, la laissant en proie au doute pour ce qui était, selon lui, une lubie de sa part.

Il instillait déjà son venin : la culpabilité.

Cette agression invisible et sournoise s'insinuait dans le cerveau fragile d'Emma. Elle avait également payé d'une autre manière ce qu'Illario décrétait être un caprice féminin. Une dette, en réalité. Tout ce qu'il accordait à Emma faisait déjà l'objet de contreparties ou d'une vengeance. Ainsi, la veille du mariage, Illario était parti seul en soirée pour faire la tournée des cafés et enterrer sa vie de garçon. Devant la mine dépitée de sa future épouse, il avait rétorqué que c'était bien ce qui se faisait partout. Quoi de plus normal qu'un enterrement de vie de garçon ?

Emma avait passé la soirée à pleurer et lui était rentré tard dans la nuit. Le lendemain au réveil, Illario arborait son plus beau sourire et renouvela ses promesses à Emma. Qui pardonna.

L'engrenage était actionné.

Et le mariage eut lieu.

Emma ne pouvait nier que le futur époux s'était parfaitement prêté au rôle et que la cérémonie avait été idyllique. Sourire de circonstance, parade dans les rues de la vieille ville devant les touristes attendris. Des inconnus les félicitaient. Des témoins de leur bonheur bien moins envahissants et coûteux que les convives d'un mariage qu'il aurait fallu nourrir et supporter toute une journée. Emma n'avait rien vu venir. Ou rien voulu voir. Ils étaient rentrés à l'hôtel pour minuit, fidèlement au conte, le chevalier servant ne dérogeant jamais à son rythme et ses horaires habituels. Il avait même fait à cette occasion un effort exceptionnel pour tenir jusque-là.

Emma était totalement conquise par celui qui en quatre mois était devenu son époux.

Sept années s'étaient depuis écoulées. Louise en était la plus belle expression.

La petite fille se serra très fort contre sa maman, la tirant de sa rêverie et des regrets qu'elle n'osait pas encore clairement se formuler. Emma culpabilisait de ne pas être à la hauteur des attentes de son mari qui lui en demandait toujours davantage.

Continûment insatisfait.

— Merci maman, il est trop beau ce sapin. Je suis sûre qu'il va plaire au Papa Noël et qu'il m'apportera de jolis cadeaux !

Louise sautillait sur place en applaudissant. Ce tableau attendrit Emma. Elle le grava dans sa mémoire comme tous ces instants trop rares d'un bonheur fragile.

Hors du temps.

Elle retrouva le sourire car Louise, à ce moment-là, ne semblait pas vraiment souffrir du mode de vie inepte de ses parents et de la froideur de son père.

Emma déposa un baiser plein d'amour sur le front de son enfant.

CHAPITRE 4

SAINT JOHN'S

L'entrée de l'infirmier venu pour me conduire en salle commune m'arrache à mon sommeil pesant. J'émerge lentement et difficilement, comme lors de ces matins amers qui suivaient une mauvaise nuit auprès d'Illario. Le soignant se montre plus prévenant et patient que sa collègue de l'après-midi, me demandant si je suis prête, si je veux passer par la salle d'eau, me laissant le temps de retrouver mes esprits. Sa voix est sonore et chantante.

Un gars du sud. Type italien que j'aime bien. Un gars qui aurait pu éveiller le désir chez moi si j'avais encore été capable d'en éprouver.

Je respire lentement. Je retrouve mes esprits… Et me rends compte que je ne lui ai pas répondu.

Non, je n'ai besoin de rien… Rien qui ne soit en son pouvoir.

Il me demande si je connais déjà la salle commune, me fait remarquer la journée ensoleillée. Il me donne l'impression d'un guide de vacances pour touriste infantilisé. Seul bémol… Cet endroit n'a rien du *Club Med*.

Je réponds laconiquement et je le suis docilement. Nous traversons le même couloir dans le sens opposé, descendons de deux étages. Des étages tous semblables les uns aux autres.

Aucune fantaisie ni variété.

Ce qui n'est pas le cas des résidents…

Quelques malades déambulent.

Tantôt apathiques.

Tantôt surexcités.

Que je vois sans les regarder.

Toujours le même uniforme grisâtre, dupliqué sur tous. Clones de la décrépitude.

Je me fais toute petite.

Je voudrais pouvoir m'effacer.

La plupart d'entre eux zonent, solitaires.

Les figures errantes rencontrées au hasard des couloirs paraissent plutôt calmes. L'une d'elles néanmoins, un jeune homme grand et sec, marche en se désarticulant et en émettant un étrange son nasillard, semblable à un piaillement d'oiseau. Je croise malgré moi ses yeux hallucinés qui me dévorent l'âme. Je tente d'effacer sa présence de mon esprit, les yeux accrochés à mes pantoufles. Un frisson me parcourt.

L'infirmier qui perçoit mon malaise m'apporte la confirmation que le patient se prend pour un volatile, ajoutant que beaucoup d'entre eux s'imaginent être des animaux… Mais je ne dois pas avoir peur, il n'est pas méchant… « Simple thérianthropie proche de la schizophrénie », m'explique-t-il avec ses termes savants. Et c'est censé me rassurer…

Difficile d'affronter les autres. Surtout quand ils sont dérangés.

Pourtant, sortir de ma chambre m'est vital. Descendre déjeuner devient une expédition qui m'occupe l'esprit, m'évite de penser à moi-même. Et puis, il est moins difficile de m'afficher pour ma première sortie parmi ces gens plutôt qu'au milieu de personnes « normales ».

Quelles stupides idées reçues ! Et tenaces !

Nous arrivons enfin face à la double porte vitrée qui débouche sur la grande salle commune, étonnamment calme. Juste un léger nuage de chuchotements indistincts.

Quatre patients sont déjà installés à de petites tables organisées en îlots. Je balaie rapidement la salle du regard. Où m'installer ?

Cette pensée m'angoisse.

Ma gorge se noue, le sang afflue dans mon cerveau.

Bouffée de chaleur.

J'essaie néanmoins de me raisonner.

De réfléchir.

J'ai le choix entre des tables vides qui seront par la suite certainement colonisées par des patients qui s'inviteront d'eux-mêmes et les deux déjà occupées. L'une par trois hommes plutôt calmes et l'autre par une jeune femme d'environ mon âge. J'opte instinctivement pour la dernière solution.

— Je reviens vous chercher dans trois quarts d'heure.

L'infirmier esquisse un sourire avant de tourner les talons, me laissant seule à l'entrée de la salle commune.

Coup d'œil dans l'arène.

Aucun regard sur moi. C'est déjà ça...

J'avance rapidement vers la table que j'ai choisie et me retrouve face à la jeune femme, convive improvisée pour la soirée.

C'est une belle rousse. Qui lève les yeux vers moi.

Des yeux vifs.

Un teint pâle.

Ses mains longues et frêles sont jointes sur la table. Je ne sais que penser d'elle. Je prends sur moi et lui lance d'une traite :

— Je peux m'asseoir ici ?

Je sens qu'elle me jauge également. Une lueur curieuse traverse son regard. Sourire étrange aux lèvres.

— Pas de problème. Je m'appelle Lucie. Et toi ?

— Emma.

Je m'assieds.

Silence pesant.

Lucie reprend la parole au bout de quelques minutes. Contrairement à ce que je redoutais, elle ne m'interroge pas, mais elle se met à me parler d'elle dans un flot ininterrompu. Elle m'explique être bibliothécaire et lanceuse d'alerte à ses heures perdues. Ou plutôt à ses heures pleines, plaisante-t-elle d'un petit rire sifflant. Quasi-hystérique.

Une folle, songé-je. Normal…

J'ai bien peur de devoir regretter mon choix de tablée.

Elle enchaîne immédiatement.

— Lanceuse d'alerte, me répète-t-elle.

Et me demande si je connais.

Je réponds négativement, d'un air que je veux absent.

Qu'elle cesse !

Bien sûr, elle poursuit…

Elle m'explique avoir créé un blog pour mettre en garde ses concitoyens contre cette nouvelle forme de féodalité que certains crédules nomment « démocratie ». Elle précise qu'elle n'est pas isolée, que de plus en plus de blogueurs suivent la même voie et que des tas de bouquins viennent d'être publiés sur le sujet. Rédigés par des journalistes, des sociologues, des philosophes… « Des gens sérieux, quoi ! » précise-t-elle d'un ton convaincu, ponctuant à nouveau de son petit rire sifflant.

Oh là ! Où compte-t-elle m'embarquer ? J'ai le cerveau en compote et je suis peu encline à suivre sa conférence.

Ce n'est pas le moment de me laisser endormir. Mes propres problèmes me suffisent…

J'essaie de me détendre, m'assurant que je peux l'écouter sans pour autant adhérer. Pourtant, ses yeux plongés dans les miens me déstabilisent. Je n'ai jamais aimé soutenir le regard d'autrui.

Elle poursuit et s'emballe très vite, littéralement exaltée par son sujet, me prenant à partie. Ses mains auparavant jointes se sont elles aussi animées pour accompagner son discours, comme deux éoliennes qui me donnent le tournis. Une bouffée de chaleur m'envahit.

M'efforcer de ne plus l'entendre... Vite !

La voix de Lucie se fraie néanmoins toujours un passage dans mon cerveau fiévreux.

— Les citoyens sont devenus des esclaves dans une nouvelle forme de dictature d'autant plus dangereuse qu'elle est travestie. Comment ne voyons-nous pas que les impôts ont remplacé la dîme et la gabelle dans une nouvelle forme de féodalité ? Comment acceptons-nous, soulagés, des lois sécuritaires dignes du plus fielleux système totalitaire dans lequel chaque recensement peut se travestir en une terrible liste de Schindler si l'on n'y prend pas garde ?... Comment sommes-nous arrivés à trouver normal de payer pour nous débarrasser de nos poubelles sans autre forme d'alternative... ? Pourquoi bientôt ne pas payer aussi pour le gaz carbonique que nous rejetons en respirant pendant que les multinationales continuent d'asphyxier la planète !

OK. J'ai compris. Une parano. C'est bien ça... ! Folle à lier, mais apparemment pas méchante.

Je me détends un peu. Mieux vaut le prendre avec humour. Je ne vais pas me faire monter la tension à chaque discussion avec l'un des pensionnaires...

Lucie se tait, essoufflée, puis reprend sa respiration et son monologue de plus belle.

Apparemment, rien ne pourra l'arrêter !

— Tout ceci n'est qu'un test pour évaluer notre degré de soumission et de servitude alors que les mesures de contrôle et de répression ne font que se durcir !

Elle me glisse cela au creux de l'oreille en chuchotant. Sa voix basse résonne dans mon crâne.

Ses propos surréalistes prêtent à rire. Pourtant, à bien y réfléchir, elle n'a pas tout à fait tort… Cette simple pensée me déstabilise. Je ne vais pas raisonner avec une parano !

Elle s'emballe encore, mais parle si bas que j'entends à peine sa voix désormais. Ses yeux restent toujours fixés sur moi. Autour de nous, la salle s'est remplie sans que je ne le remarque. Je n'ose observer les autres. Tête baissée, je ne peux me détacher du discours de Lucie, même en m'efforçant de l'ignorer. Je me contente d'acquiescer vaguement, de temps en temps, d'un hochement de tête, pour ne pas la contrarier. Sait-on jamais de quoi elle est capable…

Pendant ce temps, Lucie, qui tient ses deux couverts comme deux armes dressées dans ses poings fermés, continue de parler.

— Il faudrait trouver normal d'autoriser des applications qui accèdent à notre webcam ou à nos mails sur notre *Smartphone*, sans même sourciller ! Peut-être bientôt aussi trouver normal de porter en nous une puce RFID[2] comportant notre dossier médical ainsi que toutes les données que l'État voudra bien intégrer pour réduire encore nos libertés individuelles… Trouver normal de laisser nos entreprises produire dans des pays sous-développés et exploiter la main-d'œuvre locale pendant que notre territoire s'enfonce dans une crise et accumule des dettes que les citoyens doivent eux-mêmes éponger via les impôts et taxes de tout ordre. Tout ça pour qu'une poignée d'industriels s'engraissent avec le soutien des politiques. Et après, ne pas dire qu'il existe un complexe militaro-politico-industriel qui contrôle les peuples et les maintient sous son joug !

Elle me lance tout cela en vrac. Dans un élan qui semble quasi vital pour elle.

Tant de conviction et de détermination en ce lieu me paraît irréel.

Lucie enchaîne encore, m'explique avoir été internée sous contrainte à *Saint John's* suite à une SDRE. J'apprends qu'il s'agit d'une admission en Soins psychiatriques sur décision d'un Représentant de l'État et que c'est le maire de sa commune qui a exigé cet internement auprès du préfet après qu'elle a organisé une manifestation dans son village contre le libéralisme sauvage, - « liberticide », précise-t-elle - et informé les adhérents de la bibliothèque où elle exerce.

— C'est que je dérange.

Sa voix s'est faite plus lasse soudain. Immédiatement, elle vient de se refermer sur elle-même et son regard si animé quelques secondes auparavant exprime une tristesse infinie. Elle soupire et paraît aussi épuisée après sa longue diatribe que si elle avait couru le marathon de New York...

Mon esprit est confus.

Je regarde à nouveau Lucie. Sa tête est maintenant baissée au-dessus de son assiette et elle avale à petites bouchées le hachis parmentier lyophilisé au menu du soir. Son visage est désormais inexpressif. Une barrière semble retombée sur elle. Elle est certainement déçue de ma réaction, ou plutôt de mon absence de réaction. Elle paraît résignée. Apparemment habituée.

Pour ma part, je suis sceptique.

Ai-je bien entendu ? N'ai-je pas rêvé ?

Je me mure moi aussi dans un silence que je pense protecteur. J'ai chaud et je m'aperçois que je tremble. Imperceptiblement pour autrui, mais je tremble. Et je suis bien incapable d'avaler quelconque bouchée.

Faire le vide dans mon esprit.

Ne penser à rien.

Dormir, dormir encore et toujours.

Je ne sais combien de temps s'est écoulé avant l'arrivée de l'infirmier. En revanche, son entrée me libère de cette tension que je tente d'évacuer dans l'oubli.

Retour au *Club Med.*

Je dis rapidement au revoir à Lucie qui lève sur moi ses yeux tristes. Elle me salue en retour.

Cheminement mécanique jusqu'à ma chambre où l'infirmier m'enferme pour la nuit.

Là, je me glisse dans mon lit d'hôpital et remonte la couverture jusqu'au menton, essayant d'assembler mes idées. J'ai beau fermer les yeux, de toutes mes forces, au bout de mon lit se tient Lucie, ce petit bout de femme toute menue que je ne parviens de chasser de mes pensées. Son regard triste reste accroché à ma mémoire. Tout comme son discours. Elle vient de raviver ma réflexion bien malgré moi. Moi qui voudrais ne penser à rien. Ses propos sont cohérents bien qu'ils me dérangent. Pourtant, elle est malade. « Mais bibliothécaire », corrige ma bonne conscience. Ce n'est pas une marginale… « L'habit ne fait pas le moine… », rectifie une nouvelle voix intérieure.

Tant de contradictions me donnent le vertige. Un de plus.

« Un complot… ». C'est bien ce qu'elle a dit… J'ai maintes fois entendu parler de ces « théories du complot », certaines farfelues, d'autres plus plausibles. Peut-on vraisemblablement imaginer être manipulés par une poignée de puissants qui contrôleraient le monde à nos dépens ? Ces « théories du complot », c'est bon pour les ados en proie au mal-être ! Ma raison crie méfiance. Cette femme est internée. Et à tendance paranoïaque, visiblement… D'un autre côté, j'ai appris que les apparences sont souvent trompeuses. J'en ai fait les frais.

Pauvre idiote… ! Je devrais me garder désormais de juger sans connaître !

À travers elle, il me semble entendre Alexandre, mon collègue de philo des *Mésanges* avec lequel j'ai déjà échangé sur le sujet. Lui aussi était convaincu que la société moderne a développé et généralisé un sentiment narcissique et égoïste qui pousse les puissants à exploiter les citoyens pour leur profit personnel.

Le règne de l'argent qui supplante l'affect…

Avec toutes ces sornettes, je ne parviens à fermer l'œil.

Combien d'heures se sont écoulées avant que je ne sombre dans un sommeil agité ?...

…Un sommeil peuplé d'entités étranges qui viennent me frôler…

Que me veulent-elles ?

Impression tenace d'être surveillée… Espionnée… Traquée…

Et voilà !

À nouveau prise dans une toile d'araignée…

De plus en plus grande. De plus en plus solide et collante.

Un cauchemar poisseux dont je n'aurai plus le souvenir au petit matin.

Les portes de mon esprit agité se sont à nouveau fermées.

…Si ce n'est cette petite voix que je n'écouterai pas.

---

2. Les puces d'identification par radiofréquence sont utilisées pour servir de marqueur, permettant d'identifier les objets, les animaux (puce sous-cutanée), mais aussi les personnes (intégration dans les passeports, carte de paiement sans contact, etc.). Elles sont de plus en plus controversées en raison de la forme de contrôle de l'individu et de la société qu'elles constituent, sans parler des risques sanitaires liés aux ondes émises.

*Pour accéder à la fiche documentation sur **L'internement (placement) sous contrainte**,*
scannez ce code avec votre téléphone ou tablette équipé(e)
d'une application :

CHAPITRE 5

LASTOURS

Le lendemain, il était déjà 21 h quand Emma rentra chez elle. La journée avait été interminable au lycée des *Mésanges* où elle enseignait et s'était terminée par un conseil de classe qui avait joué les prolongations. Un simulacre de conseil de classe ! Emma saturait, épuisée par les mêmes récriminations à l'encontre des élèves perturbateurs qu'il ne fallait surtout pas sanctionner pour ne pas déplaire aux parents. Épuisée par les mêmes louanges pour ceux du premier rang, même s'ils se contentaient bien souvent d'un « par cœur » abrutissant. Il fallait également composer avec la mauvaise foi des élèves s'exprimant à travers leurs délégués.

S'ils ne réussissaient pas, c'était la faute des profs ! Ben voyons…

Leur foudre allait trop souvent s'abattre sur les enseignants exigeant travail et discipline qu'ils trouvaient trop sévères, trop ennuyeux et qui les décourageaient, préférant le grand *show* habituel de certains autres qui transformaient leur salle de cours en fête foraine ou auberge espagnole. Beaucoup de conseils de classe se résumaient ainsi à un défouloir, un salon de thé, une scène de théâtre et le cabinet d'un psychothérapeute *New Age* tout à la fois.

Emma quitta rapidement cette vaste comédie dès qu'elle le put. La situation s'était bien dégradée depuis ses débuts dans l'enseignement… On ne cessait de le répéter, mais rien ne changeait.

Emma commençait à y laisser son idéalisme et sa passion et cela la contrariait, car elle ne faisait jamais les choses à moitié. Et puis c'était l'avenir des jeunes qui se jouait là. Elle était lasse de cette pantomime.

Trois quarts d'heure de trajet l'attendaient pour quitter Carcassonne et rejoindre Lastours, son petit village isolé. Elle maintenait tant bien que mal son attention sur les routes sinueuses du pays de Cabardès, la neige fondue s'abattant sur son pare-brise embué. Au détour du dernier virage, les phares de sa petite citadine éclairèrent les vestiges érodés des quatre tours cathares au sommet de l'éperon rocheux. Elle les fixa un instant, comme hypnotisée. C'était un paysage lourd d'histoire dont les ruines conservaient les stigmates. Les châteaux régnaient en maître sur la vallée que d'étroits sentiers traversant la garrigue et hérissés de cyprès permettaient de rejoindre. Le site avait immédiatement charmé Emma et ravivé de lointains souvenirs, quand étudiante elle s'enfermait à la bibliothèque *Méjanes* d'Aix-en-Provence pour consulter et compiler les archives oubliées d'un procès de sorcellerie pour son mémoire de littérature. Le sujet l'avait toujours fascinée.

Ces âmes à la fois éclairées et tourmentées semblaient lui parler à travers les âges. La première fois qu'elle avait mis les pieds en pays cathare, guidée par Illario qui y était venu chercher son « or noir », elle avait été d'emblée saisie par la beauté sauvage et rebelle du site. Un lieu riche d'histoire d'où semblaient émerger moult épopées chevaleresques, des amours courtoises, libertines avant l'heure, sur fond d'étranges bacchanales.

Un paganisme pris pour cible par une autorité avide et barbare.

Une inquisition omniprésente.

Elle se sentait liée à ces martyrs du passé sans pouvoir vraiment l'expliquer.

Dernière ligne droite. La voiture s'engagea sur le chemin cabossé jusqu'à la ferme perdue au creux de la vallée déserte, petit mas accroché entre ciel et terre, abritant sa famille loin des regards. C'est avec soulagement qu'elle coupa le moteur et rejoignit les siens.

Neige et terre mêlées avaient souillé ses bottes de cuir qu'elle ôta en entrant. La maison était plongée dans l'obscurité. Seuls les aboiements caverneux des chiens animaient les lieux.

Elle actionna l'interrupteur, éclairant les murs grossièrement crépis. Elle avait passé des heures à appliquer cet enduit, lorsqu'elle avait eu un peu de temps, entre Louise, les animaux, le cavage et ses copies. Elle était fière du travail accompli.

Pour la soirée, elle n'avait plus qu'une seule hâte, embrasser sa fille et retrouver son mari. Comme à l'accoutumée, elle entra par la cuisine où elle dut faire face à l'assaut gentiment importun des trois bergers allemands qui plaquèrent à tour de rôle leurs pattes sur sa poitrine en guise de salutations, manquant invariablement de la renverser, ses deux sacs d'école faisant balancier pour maintenir son équilibre. Elle parvint non sans mal à l'entrée du salon, se débarrassa de son manteau sur le canapé et de ses clés au fond de la petite boîte sur la table basse. Louise accourut à sa rencontre et se jeta dans ses bras, la faisant presque à nouveau chavirer.

— Maman, tu es revenue. Tu m'as trop manqué !

— Toi aussi tu m'as manqué ma puce !

Emma sentait son cœur battre contre celui de sa fille. La présence chaleureuse de Louise la rasséréna.

— Par contre, je suis triste parce que toute la crèche est cassée. Papa Noël va pas être content non plus…

L'enfant pleurnicha et se blottit davantage entre les jambes de sa mère.

Emma tourna le regard vers le sapin, au-dessus duquel trônait une tête de sanglier. À ses pieds, elle découvrit la crèche saccagée, le papier rocher déchiqueté, les santons épars dans le salon et les petites maisons retournées. Un flot d'amertume et de révolte la submergea qu'elle réprima par réflexe. Elle connaissait trop bien les représailles encourues.

Illario entra à ce moment-là, d'un pas pressé, ses bottes de pluie aux pieds, comme de coutume, méprisant du travail ménager effectué la veille par Emma et lâcha sans même l'embrasser :

— Les chiens sont entrés. J'les ai pas vus.

Devant la mine dépitée de son épouse, il ajouta :

— Ce sont des chiens, ils n'y sont pour rien. Ils sont déjà obligés de rester confinés dans la cuisine, tu vas pas, en plus, faire ta crise en rentrant.

Ses paroles ne toléraient aucune remarque bien que le ton d'Illario restât d'un calme absolu. Emma réprima un étranglement de colère. Elle soupçonnait qu'il les ait sciemment laissés entrer dans le salon, mais garda ses doutes et son amertume pour elle, se contentant d'arranger ce qui pouvait l'être, redressant les petits santons mâchouillés par les chiens, peinant à faire tenir debout le mouton à trois pattes, victime collatérale de la perversion d'Illario.

À quoi bon répondre ?

À chaque conflit, c'était invariablement sa « faute ».

Elle y laissait toujours un peu plus d'énergie. Et de volonté. Désormais, elle n'en avait plus.

Pendant ce temps, Illario avait retiré sa lourde veste cirée qu'il accrocha au-dessus de la cheminée à un clou de charpentier solidement fixé à une poutre. Quelques gouttes éclaboussaient déjà les tomettes. Emma laissa échapper un vague soupir de découragement.

— Je vais me coucher. Louise et moi avons déjà mangé.

Sur quoi Illario disparut dans la salle de bain pour se mettre en pyjama et monta regarder son film au lit, abandonnant Emma sans autre parole.

Louise s'était aussi échappée dans sa chambre en entendant son père faire des reproches à sa maman. Emma alla la chercher. Elle lui fit prendre sa douche, la mit en pyjama, l'accompagna jusqu'à sa chambre. Comme chaque jour, la soirée se terminait sur la lecture de la petite histoire et le câlin à maman. Emma s'allongea près de sa fille, profitant de ces rares instants de quiétude et ferma les yeux, tentant de faire le vide et d'évacuer la pression de la journée. Elle sentit sur sa joue le souffle chaud de Louise et le délicat contact de sa peau douce.

C'était cela le bonheur pour elle. Simplement.

Dehors, la tramontane laissait entendre son sifflement et agitait la végétation endormie. Une branche du chêne grinçait tout contre le volet, secouée vigoureusement par le vent.

Le pays cathare grondait sourdement ce soir-là.

La luminosité de la lune perçait faiblement à travers les lattes et dessinait des formes insolites. Emma, concentrée, cherchait à y découvrir des symboles cachés, comme lorsqu'enfant elle s'échinait à percer le mystère des nuages… Ses pensées restaient suspendues à ces ombres chimériques, comme hypnotisées, pendant qu'elle papouillait le dos de sa fille.

Des sentiments antagonistes se bousculaient en elle, qu'elle préférait ne pas analyser. Essayant simplement de faire le vide.

Louise s'était déjà endormie. Emma commençait elle aussi à somnoler. Toutefois, sa conscience la rappela à son devoir. Elle n'avait pas encore mangé, ne s'était pas douchée et il était déjà 22 h 28.

Elle descendit d'un pas lourd dans la cuisine. Elle ôta ses sabots de bois que lui avait offerts sa grand-mère pour troquer des chaussons plus moelleux et surtout moins sonores. Il ne fallait pas réveiller Illario sous peine de recevoir ses critiques acerbes…

Les chiens qui s'étaient endormis se levèrent en l'entendant et vinrent traîner autour d'elle. Elle prit le temps de leur accorder quelques caresses. Même s'ils étaient envahissants, c'étaient bien les seuls à lui manifester de l'affection lors de ses soirées solitaires. Elle ne pouvait cependant éloigner totalement la jalousie qu'elle ressentait à leur égard. Eux et les cochons truffiers étaient les seuls à avoir l'attention de leur maître et cela la rongeait malgré elle.

Elle ouvrit le frigo en quête de son repas du soir. Illario n'avait pas songé à lui garder des restes et n'était bien évidemment pas allé faire les courses, tâche qui incombait fatalement à son épouse. Alors, elle se rabattit sur une tranche de jambon et une boîte de lentilles qu'elle vida dans une assiette creuse et engouffra dans le four micro-ondes. Elle déposa un verre et une fourchette sur la table trop grande pour elle seule. Les chiens étaient repartis se coucher dans leurs paniers disséminés aux quatre coins de la cuisine. Le silence recouvrit à nouveau les lieux.

Son repas fut prêt en trois minutes. La sonnerie du four le lui annonça.

Elle ingurgita les aliments à toute vitesse et fila sous la douche. Tout dans cette maison était soumis au *diktat* du chronomètre, rentabilité ménagère oblige. Elle était conditionnée. Petit soldat bien dressé.

Elle se lava rapidement. La salle de bain était glaciale et elle n'alluma pas le chauffage d'appoint pour faire des économies comme l'exigeait Illario dont le père était pourtant PDG d'une multinationale pétrolière. Mais papa ne donnait de l'argent que pour les investissements qui rapportent. Il avait payé les trois quarts de la maison à son fils. Pour le reste, à lui de gérer. Ou plutôt à sa femme… Illario savait comment se faire entretenir. Car si son père était un *self-made man*, bourreau de travail, le fils avait d'autres projets pour profiter de la vie. La famille vivait sur le seul salaire d'enseignante d'Emma, l'activité d'Illario ne rapportant presque rien et l'argent étant de toute façon bloqué sur un compte pour être réinvesti dans l'activité elle-même et l'entretien des animaux.

« Il fallait bien prévoir leur avenir, leurs problèmes de santé éventuels, leurs vieilles années. » Illario le lui répétait sans cesse, parlant de ses animaux comme de ses enfants. Emma avait fini par l'accepter, comme tout le reste.

Les proches d'Emma l'interrogeaient souvent. Pourquoi continuer cette activité ?

Emma mentait en répondant que c'était leur passion commune. Elle savait que c'était vital à Illario, vital à son épanouissement, son accomplissement, même si cela conditionnait et ruinait leur vie de famille. Elle l'aimait assez pour cela. Elle l'aimait tellement qu'elle voyait à peine le sacrifice. Du moins les premières années.

Au fil des ans, il avait réussi à éloigner ses deux femmes du monde extérieur et pouvait ainsi jouir d'un huis clos dont il était l'instigateur et le maître, laissant à Emma l'espace de liberté minimal afin qu'elle n'ait pas à s'en révolter et qu'elle puisse néanmoins ramener l'argent qui faisait tourner le foyer. Les seules visites qu'ils recevaient étaient celles de quelques amis chasseurs d'Illario qui semblaient tout droit sortis du Mississipi profond. Des rustres pour lesquels la femme était une espèce à part entre l'homme et l'animal.

Emma sentait bien que tout cela allait trop loin. Mais elle restait muette.

Quand son rêve d'une vie paisible à la campagne avait-il sombré au fond des marécages ? Elle ne le savait pas, tant cela s'était fait lentement et insidieusement. Les doutes, d'ailleurs, ne faisaient qu'affleurer à la conscience d'Emma et se mêlaient à d'autres sentiments qui venaient les parasiter. Culpabilité, regrets, manque de confiance s'enchevêtraient dans sa tête et l'embrouillaient. Seule conviction, un malaise lymphatique mais tenace qu'elle ne voulait pas reconnaître, craignant de jeter une ombre funeste sur son mariage qui était toutefois dans un état de décomposition déjà bien avancé.

Emma ne voyait rien.

Les refoulements étaient trop nombreux et bien trop puissants.

Pourtant, sa vie flasque lui pesait. Elle la ressentait comme un mollusque amorphe qui se désagrégeait au rythme des années qui glissaient sur son existence insipide.

Elle venait de sortir de la douche et observa machinalement son reflet dans le miroir de la salle de bain. Triste constat que lui renvoyait son image. Elle peinait à le reconnaître ce visage atone. De longs cheveux châtains et ternes retenus par une pince au-dessus de la nuque.

Depuis dix ans.

Invariablement.

Ses yeux verts en amande étaient éteints et prolongés par des ridules bien marquées qui lui rappelaient le temps déjà parcouru. Ses pommettes étaient saillantes mais ses joues se creusaient chaque année un peu plus. La vieillesse n'était pas encore pleinement installée, même si elle marquait déjà ses terres de son sillon ténu. Il lui semblait voir les traits de sa grand-mère qui lui paraissait déjà tellement vieille lorsqu'elle était enfant. Le temps l'avait rattrapé sans qu'elle en ait conscience.

Emma fuit rapidement le miroir qui lui renvoyait l'image dégradée de ce qu'elle était devenue : une femme terne qui se négligeait.

À l'étage, Illario s'était déjà endormi. Son esprit, lui, était en éveil et même aux abois, tyranniquement conditionné par les ondes électriques rapides et désordonnées du sommeil paradoxal.

Un songe obscur… Une forêt. Immense. Des aboiements perçants résonnaient au plus profond des bois. Seule la lune venait offrir une lueur blafarde dans cette pesante nuit d'hiver. Ses bergers allemands survoltés couraient en tête, se frayant rapidement un chemin parmi les hautes fougères et les chênes robustes, crocs découverts et haletants, ne laissant que leur ombre traînante sur leur passage. Derrière eux venait leur maître, fusil au bras et sourire cynique, une assurance hautaine, les excitant de ses ordres cinglants, encourageant notamment sa préférée, une femelle dont le nom, Olympe, révélait la curieuse relation anthropomorphique qu'il nouait avec elle. Une déesse guerrière impitoyable.

« Devant, Olympe ! Cherche ma belle ! Trouve-moi cette salope ! »

Plus en avant, Emma courait désespérée et épuisée, trébuchant sur les grandes cases de l'échiquier qui recouvrait le sol crayeux de cette forêt chimérique. Sa proie, Illario avait pris le temps de l'étudier. Un gibier de première catégorie. Solitude, émotivité extrême et surtout cette putain de faille affective, une dépendance qui allait la pousser à se donner à lui sans compromis, qu'elle le veuille ou non.

La partie était déjà bien avancée.

Il avait joué ses pièces maîtresses, lui renvoyant ses défaillances et traumas d'enfance, catalysant ses sentiments, implantant des pensées nouvelles chez elle, instillant doute et frayeur, l'épuisant moralement et physiquement, la faisant courir toujours plus vite et toujours plus loin.

Il sentait sa proie s'affaiblir. Il en jouissait. Les chiens flairaient l'odeur de la peur tout en jappant. La distance se réduisait. Mais elle courait toujours. Plus pour longtemps…

Elle était au bord de l'épuisement, les pieds écorchés, et aveuglée par ses larmes mêlées à la boue que ses doigts sales avaient étalée en tentant vainement de nettoyer ses paupières. Bientôt, un cri de douleur perça dans cette nuit trop longue pour elle. Illario s'avança en direction de sa proie, sans se presser, faisant durer l'ivresse que lui procurait cette traque. Une lueur cruelle éclairait ses yeux sombres. Il finit par la découvrir, maîtrisée par ses chiens, jambes et bras ensanglantés du fait de la pression exercée par la puissante mâchoire de ses fidèles mercenaires. Elle était soumise et vulnérable. À sa merci ! Il goûta chacun des mots qu'elle prononça.

« Pardonnez-moi, Maître. Je suis tout à vous désormais ».

Sa voix faible était entrecoupée de sanglots.

À cet instant, Emma regagna la chambre et se glissa aussi discrètement que possible dans le lit conjugal. Illario lui tournait le dos, plongé dans son sommeil. Un sourire étrange barrait son visage.

Apparemment, Emma n'avait pas été assez discrète. Illario sentit sa chaleur dans le lit et sa présence l'extirpa de son rêve qui l'avait excité. D'ailleurs, il était en érection et éprouvait le besoin de la posséder. Il se retourna brusquement et, sans un mot, prit la main d'Emma et la mit sur son sexe tendu. Emma comprit que malgré la fatigue, il valait mieux céder pour ne pas subir les humiliations habituelles qu'elle s'efforçait néanmoins d'oublier. Plus elle résistait, plus cela l'excitait, elle en avait trop souvent fait la douloureuse expérience.

À peine avait-elle entamé un mouvement de va-et-vient sur son sexe qu'Illario la saisit brutalement par les cheveux pour remplacer sa main par sa bouche. Elle ne put réprimer un cri, ce qui sembla l'exciter encore plus. Il s'enfonça profondément au fond de sa gorge, manquant de l'étouffer.

Il guida à nouveau l'une des mains d'Emma sur ses bourses pendantes, l'obligeant à les lui masser en l'encourageant par des insultes avilissantes. Soudain, elle sentit la gifle fouetter son visage. Il la retourna en la saisissant par les hanches, sortit de la table de nuit la paire de menottes et lui attacha solidement les poignets à la poutre à laquelle le lit était adossé. Emma le suppliait d'être moins brutal. Il lui répondit avec des propos orduriers qu'elle aimait ça. Elle sentit soudain ses deux genoux osseux s'engouffrer à l'intérieur des siens, l'obligeant à écarter les jambes et son sexe glissa entre ses fesses, la déchirant. Lui arrachant des pleurs silencieux.

Elle ferma les yeux, tâchant de penser à autre chose, incapable de dire combien de temps dura l'assaut. Elle comprit que son calvaire allait se terminer quand elle sentit son sperme chaud recouvrir son dos, en même temps que l'orgasme déclencha le râle animal.

Alors, il la libéra et se rendormit paisiblement.

Emma se leva en chancelant pour aller prendre une nouvelle douche. Elle resta vingt longues minutes à pleurer et à se nettoyer sans relâche. Mais la honte et le doute sont résistants au lavage. Le parfum ne pouvait que masquer superficiellement ce nouvel affront.

Elle ne trouva pas le sommeil de la nuit, perdue au fond d'amères pensées.

Sa honte commuée en rancœur.

30 ANS PLUS TÔT

— Silence. Pas un mot à table. Tu connais la règle dans cette maison !

La voix patriarcale, tranchante, s'abattit lourdement sur l'esprit craintif d'Illario.

La masse sombre et impériale du père se détachait en bout de table. Inébranlable.

Impossible pour l'enfant de lever les yeux vers lui.

Il se raccrocha alors tétanisé au regard bienveillant et protecteur de Mamoune, sa maman qu'il vénérait.

— Mange ton plat et ne cherche pas à te réfugier derrière ta mère. Tu es un homme, pas une lavette ! renchérit le père, d'un ton qui n'admettait aucune objection.

… Rêver, jouer, voler…

Trois petits mots magiques.

Refuge défensif.

Exil féerique pour Illario.

Son esprit inquiet flottait déjà au-dessus de la table où trônait le poulet dominical expertement désossé et, ses boucles blondes au vent, l'enfant parvenait bien vite aux portes de la lagune aux sirènes. Le camp des Peaux-Rouges, habilement protégé par les falaises, laissait néanmoins percevoir son précieux totem au jeune voyageur ailé.

« Ne t'inquiète pas.

Je suis là avec toi.

Suis-moi… »

La voix lointaine mais rassurante de Cendrine voltigeait pour parvenir jusqu'à lui. Sa petite voisine le rejoignit dans les airs et ils voletaient tous les deux, main dans la main, au-dessus de Neverland. Pays des enfants. Là où les désirs et les rêves de chaque bambin prennent forme. Une contrée aux mille visages. Une journée de jeux et de plaisirs s'annonçait.

Illario sourit intérieurement, sans que son visage n'en laisse rien paraître.

— Que veux-tu comme dessert ?

La question de Mamoune le tira de sa rêverie.

Le patriarche avait déjà quitté la table, vaquant à ses occupations, comme toujours. Le travail n'attendait pas et il avait autre chose à faire qu'à traîner pour le repas. Traîner à table, c'était bon pour les feignants ! Il avait du boulot, lui ! Il lui fallait bien assurer la subsistance et le devenir de sa famille. Il paraissait bien loin le temps où les grands-parents vivaient sous le même toit que leurs descendants et qu'épouses et marmots prenaient leur repas avant celui des hommes. Ceux-ci se retrouvaient exclusivement entre eux pour déjeuner. Entre mecs ! C'était vraiment une autre époque !

La nostalgie gagnait ainsi souvent le patriarche...

Avec Mamoune, c'était différent. Attentionnée, elle restait près de son fils qui traînaillait à table et ne parvenait pas à terminer son assiette. Elle veillait ainsi à satisfaire les moindres désirs de son petit prince, le petit Illario qu'elle couvait pour compenser la froide autorité du père. Quand ce n'était pas l'indifférence.

— Ce n'est rien mon petit ange..., consola Mamoune lorsqu'elle fut certaine de l'absence de son époux. Maman est là, tu n'as rien à craindre.

Et elle le berça doucement dans ses bras. Tendre relation fusionnelle. Le petit garçon ravala ses larmes en se souvenant des paroles de son père qui le hantaient bien souvent : « Un garçon, ça ne pleure pas. »

*
* *

De l'autre côté de la fine cloison du pavillon mitoyen de la banlieue toulousaine, Cendrine venait de terminer son repas.

Son doux regard révélait la générosité d'âme de la petite fille.

La table débarrassée, elle s'apprêtait à laver la vaisselle. Les tâches ménagères rythmaient le quotidien de la fillette de huit ans, trop souvent mise à l'écart par ses parents continûment accaparés par leur activité professionnelle. Malgré cela, le seul fait de songer à la journée du lendemain égayait son dimanche. Elle retrouverait son amoureux, le petit Illario qu'elle admirait tant. Un petit garçon fragile et tendre…

L'aimer et le protéger… C'était devenu une obsession.

Un lien très fort unissait les deux enfants. Un lien indéfectible malgré leur jeune âge.

« On dira que tu serais le papa et moi la maman. On serait une famille… »

Le jeu était toujours le même au moment de la récréation. Ce lundi, comme tous les autres jours de la semaine. Et Illario se plaisait à investir le rôle de son père avec tout le sérieux que la fonction exigeait. Cendrine, quant à elle, se penchait déjà au-dessus de lui pour apposer sur sa joue un baiser d'une infinie douceur. Pourtant, il l'ignora superbement. Car c'est bien ainsi que doivent faire les papas, non ?

Plus Illario était acerbe, plus Cendrine redoublait d'efforts pour se faire aimer du petit garçon si vulnérable.

Plus Cendrine lui témoignait d'affection, plus son petit copain de jeu s'enfermait dans sa cruauté.

Le gosse avait bien compris comment fonctionnent les filles.

Avec les garçons, c'était autre chose. Illario était souvent le souffre-douleur. Ses camarades de classe sentaient bien qu'il était « différent ».

Pour se venger, l'enfant s'en prenait à de plus faibles que lui, dérobant discrètement leur goûter ou planquant des sauterelles dans leur cartable pour les entendre hurler quand ils les découvraient. Il n'avait bien sûr jamais été soupçonné et les gros costauds de la classe qui le bousculaient prenaient pour lui. C'était sa petite vengeance dans l'ombre... Il la savourait, solitaire.

Mieux valait ne pas se fier à sa douceur angélique. Illario était aussi un enfant très attentif et observateur. Calculateur.

Il avait appris à deviner l'état d'esprit des gens, cela par pur instinct, à force d'épier les colères de son père et de tenter de les éviter.

Ses jolies boucles brunes attendrissaient les amies de Mamoune. Ce n'était qu'un paravent dissimulant un caractère déjà bien affirmé qui ne faisait que s'endurcir au contact d'un père dont la froideur n'avait d'égal que l'indifférence et aux côtés de sa Mamoune étouffante et permissive.

Le petit garçon, curieux, examinait le monde et les hommes et en tirait des leçons, établissant des règles, des constantes.

Trier, organiser, expérimenter, analyser... Son esprit labyrinthique archivait le résultat de ses observations en un complexe et obscur algorithme dont lui seul avait la clé.

Les années passaient. Illario grandissait et gagnait en assurance.

Cendrine, elle, continuait à s'agiter, s'activer, s'évertuant à attirer l'attention de ses camarades de classe qui ne la remarquaient pas et de ses parents aux yeux desquels elle brillait par sa transparence. Figure évanescente, pauvre fantoche, seul Illario était là pour elle, à épancher son insatiable besoin d'amour et son angoisse de la solitude. Certes, il n'était pas toujours délicat avec la petite fille falote, mais elle sentait bien que ses manières brusques cachaient en fait un cœur tendre. Il était si gentil avec elle ! En tout cas, elle s'en était persuadée… Du moins, jusqu'à l'adolescence où elle comprit la véritable nature d'Illario.

Elle finit par quitter la toile à temps.

…Avant qu'il ne l'englue irrémédiablement.

Alors, il se l'était juré.

Avec la prochaine, il serait plus malin.

CHAPITRE 6

SAINT JOHN'S

— On se lève ! Petit-déj' ! Il est déjà six heures, finie la grass' mat' !

Une voix tonitruante semblable à une sirène hurlante me tire d'un cauchemar visqueux.

Une infirmière replète au visage sévère vient de débouler dans ma chambre, les bras chargés de draps, les joues et les yeux tombants, les lèvres pincées. Son nez busqué et son chignon bien serré ne me disent rien qui vaille.

Une aide-soignante entre à son tour, me salue et dépose un plateau-repas sur la table roulante avant de s'éclipser. D'un geste brusque, l'infirmière bouscule la table à roulettes qui vient heurter le mur du fond aspergé par le contenu du bol.

— Faudrait voir à sortir du lit ma p'tite dame ! Les infirmières n'ont pas que ça à faire, changer vos draps. C'est même pas notre boulot, normalement !

Je croise son regard et son strabisme prononcé finit de m'inquiéter.

Elle est déjà à ma hauteur, en train de retirer le dessus-de-lit qui me recouvre.

— Allez hop ! Debout, je vous ai dit ! Y en a d'autres qui attendent !

Ses propos méchants et insupportables déraillent dans ma tête. Durant un instant, je crois encore rêver, mais non…! Elle se tient bien là, emplie d'animosité.

La cruelle bonne femme finit maintenant de retirer le drap, me laissant totalement découverte.

— Si c'est pas croyable d'être aussi dingo! murmure-t-elle en disparaissant dans le couloir.

Je reste perplexe avant de me décider à me lever pour ne pas me faire à nouveau insulter.

Mes jambes flageolent de ce réveil trop brutal. Un vertige me fait tituber. Je parviens néanmoins à l'autre bout de la chambre.

Je déplace la chaise devant la table à roulettes, m'installe face au mur pour ne plus la voir et découvre mon petit déjeuner : un bol de lait à moitié renversé par l'indélicatesse de la soignante, une sorte de cake baignant dans le liquide et, dans un verre, ce qui semble être un jus de fruits insipide vu la couleur. À quoi s'ajoutent une petite dose individuelle de chocolat en poudre et un sucre emballé. Après le processus de déshumanisation, me voilà traitée en animal. Non seulement plus maîtresse de mes faits et gestes, mais on me parle aussi comme à un chien ! Remarque, je suis déjà habituée…

Le but réel d'un tel lieu ne serait-il pas d'achever les patients plutôt que de les soigner ?...

Je déverse le chocolat dans le lait et remue mécaniquement. Un roulement sourd se fait entendre derrière mon dos.

Je me retourne et aperçois le monstre de fer qui force l'entrée. Un énorme chariot à linge apparaît, rempli de draps qui débordent. Ils me font l'effet de funestes linceuls.

Je l'entends qui soupire et grommelle.

— Et vous, quelle connerie vous a menée ici ?

C'est bien à moi qu'elle s'adresse ? Suis-je vraiment obligée de lui répondre ?

— Ohé ! J'vous cause ! hurle-t-elle. Mais peut-être que la p'tite dame est si folle qu'elle sait pas parler ?

Cette fois, impossible de me taire.

— Je sais parler. Je suis juste estomaquée par votre rudesse…

Elle reprend d'une voix sifflante. Je ne peux m'empêcher de penser à Kaa, le serpent sournois du *Livre de la jungle*.

— Ma rudesse ? Parce que vous vous croyez tendres, vous autres ? Tenez, pas plus tard qu'hier, j'me suis encore fait agresser par la schizo de la chambre d'à côté… Elle a tout bonnement essayé de m'étrangler la dingo !

Que répondre ?

— Heureusement qu'on est bien équipés. J'ai ma seringue toujours prête au fond de la poche.

Elle tapote sur la poche de sa blouse et poursuis son verbiage.

— Une petite injection et hop ! Dans les vapes ! Remarque, la pauv', elle a dû le regretter parce que la dose devait être un peu forte. Elle a sombré dans un sommeil de plomb et l'infirmière du soir l'a retrouvée tout' rouge à plat ventre la tête enfoncée dans l'oreiller, juste avant qu'elle s'étouffe… Ça lui servira de leçon au moins !

Sa voix stridulante comme celle d'un criquet me fiche la migraine. Mais qui sont vraiment les fous ici ?

— Alors, paraît que vous étiez prof, vous ? Des profs, y en a une pelletée qui sont passés par ici. Vous finissez tous frappés dans ce métier… En même temps, ça doit pas être facile tous les jours de se farcir ces sales mômes ! Et eux, vous pouvez pas les piquer pour les calmer…

Elle ricane. Un rire pervers. Une véritable sadique !

J'ai peur.

Je l'entends secouer les draps et à mesure que ses bras pleins de graisse remuent, un fumet moite de transpiration parvient jusqu'à moi. Impossible dans ces conditions d'avaler quoi que ce soit. De toute façon, le lait comme le jus de fruits ne sont que des substituts déshydratés de nourriture dans un hôpital tout aussi desséché et ma gorge est bien trop nouée pour pouvoir déglutir.

— Vingt-cinq ans à travailler ici, faut tenir ma pauv'dame ! Parce que j'en ai vu des frappés !... Faut pas vous plaindre ! se met-elle à vociférer. Ici, c'est le Carlton. Vous voyez bien, je vous fais même votre chambre.

Nouveau ricanement grinçant.

— Deux étages au-dessus, par contre, c'est pas la même chanson. J'y ai bossé quelques années et j'peux vous dire que c'est là-bas que j'ai vu l'pire. « Le Purgatoire » qu'on l'appelle…

Elle se tait. Puis reprend de sa voix suraiguë :

— C'est là-haut que j'ai vu mon premier macchabée… Une SDF dépressive de vingt-six ans… On l'a retrouvée un matin la nuque brisée contre la table de nuit. Une mauvaise chute en pleine nuit à cause des médocs qu'il était écrit dans le rapport. Un infirmier était persuadé que c'était sa voisine de chambrée qu'avait fait l'coup. Bah… c'est vrai que c'était une schizo pas très commode… Mais de toute façon, on n'allait quand même pas faire une enquête pour une SDF ! Personne n'a rien réclamé et le médecin a vite classé le dossier aussi. On saura jamais. En tout cas, moi, ça m'a foutu les jetons. C'est après ça que j'ai demandé à redescendre. Y avait assez de jeunes débutants à affecter dans le service. J'allais quand même pas en baver là-haut avec l'expérience que j'avais déjà, non ?

Je sens mon cerveau qui implose. Va-t-elle se taire ?! Je comprends que certains puissent avoir des envies de meurtre dans ces lieux. Je donnerais moi même n'importe quoi pour ne plus l'entendre !

Ma voix me fait soudain sursauter. Je m'entends lui hurler de sortir et de me laisser enfin.

Elle crie encore plus fort :

— Eh oh ! Elle va se calmer l'hystéro ! Parce que si elle se calme pas, j'ai une petite piqûre dans ma blouse pour y remédier !

Je plaque mes mains de toutes mes forces sur mes oreilles afin de ne plus l'entendre. Elle me bouscule en sortant et sa voix perçante parvient encore jusqu'à moi alors qu'elle déguerpit enfin :

— Faut pas se fier aux apparences... Y sont vraiment tous malades, même à cet étage !

Sur quoi la porte se referme dans un claquement sonore.

CHAPITRE 7

LASTOURS

Face à la baie vitrée, dans sa petite maison agrippée à flanc de colline, le regard fixé sur la vallée enclavée qu'il dominait, Alexandre dégustait son thé *sencha*. Sa silhouette sombre se découpait derrière la véranda. Un pantalon et une chemise de lin noir, presque comme toujours, des cheveux poivre et sel, des yeux bleus, mais ombreux. Son attitude en apparence froide était conjuguée à un charme certain. Le quinquagénaire ne laissait pas les femmes indifférentes, même s'il n'en côtoyait plus guère dans la vie retirée qu'il menait désormais.

Ce matin, une odeur de bruyère s'élevait du sol moussu. Il prit une longue inspiration et son regard se perdit sur les traces d'un petit chemin sinueux, tortueux, qui courait à l'assaut de la colline. Il savourait cet instant de félicité comme chaque jour à sa juste mesure.

Alexandre avait pour habitude d'être pleinement à ce qu'il faisait, à chaque moment, pour chaque geste du quotidien. C'était bien moins rythmé, mais tellement plus fondamental que ses missions souvent ineptes chez les commandos qu'il avait jadis intégrés avant de refuser de servir aveuglément des intérêts privés qui primaient trop fréquemment sur la défense des citoyens.

Bien plus calme aussi que les salles de classe qu'il avait ensuite fréquentées en devenant professeur de philosophie, avant de constater la même ineptie, celle de vouloir éveiller les consciences tout en respectant des programmes visant la normalisation des comportements et la castration de l'esprit critique. Triste bilan après vingt ans de métier…

Sa vision du monde l'avait peu à peu marginalisé de ses semblables.

Cela lui convenait tout à fait.

Il vivait désormais seul, retiré au sein de sa petite demeure au cœur du pays de Cabardès. La solitude ne lui pesait pas, au contraire. C'est dans l'expérience de la solitude qu'il s'était délivré de la volonté de paraître et du poids des normes sociales pour prendre le temps de méditer.

Prendre le temps de vivre, ressentir, et pourquoi pas aimer.

Emma en tout cas éveillait en lui des sentiments inconnus, alors qu'ils semblaient en même temps remonter des tréfonds d'une mémoire endormie, nichée au fond des siècles. Lui qui pensait avoir le cœur vide de toute exaltation se prenait à palpiter pour une femme. Une femme qu'il n'avait pas revue depuis trois ans, mais dont la proximité était pourtant une évidence. Il sentait chez sa jeune collègue avec laquelle il nouait une relation épistolaire régulière une vie intérieure foisonnante mais anesthésiée et une souffrance refoulée.

Ils correspondaient depuis son premier arrêt de travail consécutif à son divorce.

Emma, attentive à la détresse de ses collègues, lui avait envoyé un message pour prendre de ses nouvelles. Ils s'étaient découvert des passions communes et une même conception de la vie. Une amitié sincère était née, qu'ils n'avaient pas pris le temps de nourrir lorsqu'ils se croisaient jadis au lycée, mais qu'une correspondance électronique avait alors rendue possible.

Après un premier mail poli pour prendre de ses nouvelles, Emma avait trouvé dans ces échanges un souffle vital. Écrire était un exutoire hors de son cadre de vie figé et réglé par des habitudes et horaires imposés qui laissaient peu de place à la fantaisie, à la légèreté et encore moins aux questions philosophiques. Alexandre la fascinait sans qu'elle accepte de le reconnaître. C'était une personnalité atypique, comme c'était aussi un peu son cas.

Les événements survenus dans la vie d'Alexandre, son propre divorce, des conflits familiaux, avaient profondément modifié sa vision des choses et, comme il le lui avait expliqué, il aspirait désormais au calme et à la sagesse, loin de l'hypocrisie et du conformisme social. Elle avait quelquefois des difficultés à le cerner, se demandant s'il était dépressif ou seulement rebelle et anticonformiste. Il lui semblait qu'il y avait des deux.

Il paraissait mener une vie retirée sans grande saveur, condition nécessaire pour retrouver une paix intérieure, une harmonie. Elle prit conscience, au fil des échanges, qu'il refusait tout simplement de jouer le jeu social et, honnête et entier, il ne pouvait poursuivre une activité éducative en laquelle il ne croyait plus ni fréquenter des collègues qui avaient vécu son absence dans une indifférence totale après vingt ans de boîte.

Il lui faisait penser à l'Étranger, le personnage d'Albert Camus. Comme Meursault, il était devenu un marginal refusant de jouer la comédie humaine. Ou plutôt l'inhumaine comédie. Il rejetait les codes souvent absurdes et hypocrites qui régissent le monde et ses institutions. Il vivait simplement en philosophe, mettant en application l'art de vivre qu'il avait enseigné pendant vingt ans.

Écrire à Alexandre permettait à Emma de sortir un peu de son quotidien éreintant, d'aborder des sujets différents et d'une autre teneur que ceux de la maison. Chez elle, les conversations qui n'avaient pas trait à la gestion du foyer ou au cavage se bornaient souvent à des débats alambiqués durant lesquels Illario imposait sa vision réductrice de la société. S'évertuant à noircir systématiquement le monde. Annihilant toute valeur humaine, car solidarité, générosité, candeur n'étaient que signes de faiblesse selon lui.

Les convictions d'Emma volaient en éclat et il la maintenait sous cette moisissure, reflet de la décomposition qui s'opérait en elle. Cette vision pathologique la perturbait. Elle finissait pourtant par adopter imperceptiblement sa conception mécanique, ultralibérale et matérialiste de la vie, son époux mettant tout en œuvre pour assécher ses sentiments et lui communiquer son apathie.

Sensation de suffocation.

Claustrophobie cérébrale.

Son crâne était un tombeau. Ses pensées empêtrées dans un linceul.

À ses proches, Emma ne laissait rien paraître et arborait le sourire de façade.

Avec Alexandre, si elle ne se confiait jamais sur sa vie de couple, elle lui révélait néanmoins sa vision du monde.

Des échanges qui l'extirpaient de sa vase quotidienne.

Antidote qui la réconciliait avec la vie et les hommes.

Elle racontait simplement à son ami ses pensées ou ses journées, ou tout du moins ce que sa conscience s'autorisait à en dire, et cela suffisait à combler les brèches dans la sienne. Si elle ne s'ouvrait pas à lui de son quotidien oppressant, il en ressentait tout de même les ravages silencieux.

Il n'était pas dupe des contradictions chez elle. C'est d'ailleurs ce qui le fascinait. Elle était sage et rebelle, solitaire et sociable, sombre et passionnée. Un kaléidoscope dont il ne parvenait à saisir toutes les facettes. Une âme complexe qui ne cessait de le questionner. Il la sentait gouvernée par un élément extérieur sans pouvoir l'identifier. Elle paraissait dominée par une sombre mélancolie qu'elle tentait pourtant de ne pas laisser transparaître et enjolivait vraisemblablement un quotidien qui semblait bien terne à Alexandre.

Emma ne parlait que de Louise et des activités qu'elle partageait avec sa fille.

Que faisait donc son mari ?

Elle le décrivait si parfait.

Pourquoi alors n'était-il jamais présent dans les actes du quotidien ?

Tout cela était bien étrange. Que cherchait-elle à masquer ?

Alexandre qui était passionné par le cerveau humain et ses dédales labyrinthiques aurait aimé pouvoir pénétrer le sien, s'y fondre et le sonder. Cervelet, corps calleux jusqu'aux synapses, démêlant le fil d'Ariane. Trouver les raisons de son impénétrabilité. Quel était son secret ?

Il la sentait perdue au fond d'une caverne sans âge, fragile et vulnérable, mais savait qu'elle seule avait la capacité de se libérer de cette pénombre asservissante. Il ne pouvait que lui fournir l'étincelle. Encore fallait-il qu'elle soit disposée à la recevoir, ce qui ne semblait pas être vraiment le cas. Cette simple lueur était alors trop aveuglante…

Ce qui n'était qu'intuition pour Alexandre était devenu une prise de conscience douloureuse et insupportable pour la famille d'Emma, notamment pour Mireille, sa maman. Elle assistait impuissante à la déchéance de sa fille après sa rencontre avec Illario. Bien des épreuves avaient déjà jalonné sa propre existence depuis le suicide de son mari. Elle s'usait maintenant à ouvrir les yeux de sa fille.

Elle se souvenait de sa rencontre avec Illario. C'était un dimanche bien gris.

Emma était venue présenter son nouveau compagnon qui meublait désormais chaque conversation téléphonique avec sa fille alors qu'ils n'étaient ensemble que depuis quelques semaines.

Lorsqu'elle avait ouvert la porte, il se tenait là, devant Emma. Affichant un naturel hautain déconcertant et un visage fermé malgré son sourire de circonstance. Il souriait, mais ses yeux restaient vides de toute émotion. Cette étrangeté avait immédiatement dérouté Mireille.

Il s'était présenté lui-même, aussitôt à son aise. Emma, complètement effacée, était restée en admiration devant lui. Mireille l'avait observé tandis qu'il pénétrait dans le salon. Grand, silhouette élancée, jean et chemise rose à rayures discrètes. Brun, yeux sombres. Elle avait découvert ensuite sa montre *Montblanc* qui avait dû coûter une fortune et ses chaussettes roses assorties à sa chemise dans des mocassins noirs impeccablement cirés. Il représentait indéniablement le cliché du bel homme, au goût de certaines, avait songé Mireille. Mais pas vraiment du style d'Emma. Lisse, trop lisse pour elle. Un dandy qui respirait l'embrouille.

Dès ce premier jour, à la manière dont il s'adressait à Emma en la prenant de haut, à son humour cynique qui ne faisait que voiler des remarques blessantes, le tout mêlé de compliments mielleux, Mireille comprit à quel petit jeu malsain il se livrait avec sa fille. Elle espérait qu'Emma voudrait bien l'entendre quand elle le lui expliquerait.

Avec Mireille, en revanche, ce n'était que sourires et éloges. Elle ne paraissait pas son âge, avait arrangé sa maison avec beaucoup de goût, cuisinait merveilleusement bien ! Un peu trop bien pour être crédible, avait-elle alors pensé.

Emma l'avait également prévenue qu'Illario ne travaillait pas et Mireille découvrit ce jour-là que les accessoires de luxe qu'il affichait étaient des cadeaux de son père, industriel pétrolier.

Comme les charognes s'activaient autour d'un reste de carcasse, Illario et sa mère lorgnaient tous deux sur cet argent providentiel qu'une spéculation obscène ne cessait de gonfler, mais que le patriarche ne délivrait qu'au compte-gouttes. Ces deux-là qui n'avaient quasiment jamais travaillé parlaient avec mépris des prolétaires dont ils avaient pourtant longtemps fait partie avant l'ascension fulgurante du père.

Mireille avait observé la scène comme absente, se demandant presque ce que ce type pouvait bien faire chez elle. Son air suffisant, quasi malfaisant, la mit fort mal à l'aise. Et pourtant, c'était l'homme que sa fille épouserait trois mois plus tard comme ils le lui annoncèrent en ce dimanche trop gris pour être heureux.

L'homme qui l'éloignerait à plusieurs centaines de kilomètres de sa famille alors qu'Emma était attachée à ses racines.

L'homme qui achèterait leur maison en bien propre avec l'argent de son père pour se faire ensuite entretenir par son épouse.

L'homme qui finirait par l'isoler de tous.

L'homme qui la viderait de son charme, de sa vitalité, de son âme.

Un vautour de la pire espèce.

Mireille aurait eu envie de hurler ce jour-là : Emma, ne vois-tu pas qu'Illario se joue de toi ?

Mais Emma était déjà bien trop loin.

Emma n'entendait rien.

Emma vivait sous contrôle.

Emma n'existait plus.

Elle était possédée par l'esprit d'Illario qui parlait à travers elle.

Toute remarque était une agression. Toute main tendue, une gifle.

Malheureusement, les années suivantes confirmeraient les pressentiments de Mireille.

L'un des épisodes les plus sombres pour toute la famille restait le décès de la grand-mère tant chérie d'Emma et le règlement de la succession qui suivit. La ferme familiale de Régalat en Dordogne avait littéralement été sanctuarisée après le décès tragique du père d'Emma.

Elle et sa sœur Claire y passaient tous leurs étés, ravies de quitter leur petit pavillon mitoyen pour rejoindre la campagne périgourdine, ses hectares de fraises sur les coteaux vallonnés et odorants, la ferme hors du temps surplombant le village et leurs grands-parents adorés. La famille entière aimait s'y retrouver, évoquant les souvenirs d'antan, le travail des champs, le quotidien de chacun autour d'une grande tablée et d'une poêlée de cèpes persillés. La question du devenir de la propriété de leurs ancêtres, qui avait toujours été transmise de génération en génération, avait souvent été évoquée. Emma savait bien que cela rongeait son papi.

« Il ne faut pas vous en préoccuper. Je ne souhaite à aucun d'entre vous de suivre ma voie et vous tuer au travail des champs ! » Les paroles de son grand-père étaient encore gravées en elle.

Emma et Claire, qui avaient reporté l'amour pour leur père sur leurs grands-parents, devenus héros légendaires sous l'effet de la cristallisation, étaient particulièrement attachées à la ferme pour tout ce qu'elle représentait. Ce sentiment fut ravivé après le décès de leur grand-père. Aussi Emma avait-elle demandé sa mutation en Dordogne juste avant la naissance de Louise. Malheureusement, le destin en avait décidé autrement. Il n'y avait pas de postes libres. Il n'y avait pas eu de mutation possible. Alors, au décès de sa grand-mère, des décisions douloureuses s'imposèrent, d'autant qu'Illario ne cessait de mettre la pression à Emma au sujet de la vente.

Elle rejoignit la famille pour les obsèques, même si son époux mit encore en avant les frais que cela engendrait. Elle avait beau lui expliquer que certaines choses n'ont pas de prix, il avait la répartie facile : sa famille n'avait qu'à lui payer le déplacement puisque c'est ce qu'ils pensaient aussi !

À son retour, il aborda assez rapidement la question de la succession. Illario voyait là une opportunité pour rembourser par anticipation le crédit restant de leur maison de Lastours, d'autant qu'il était toujours sans emploi. Les fins de mois étaient difficiles et la revente de leur propre mas avait été envisagée. Le père d'Illario acquiesçait lui aussi. Il avait déjà bien assez donné pour cette maison !

À eux d'assumer désormais !

Emma tentait de convaincre Illario. Désemparée.

— Tu connais mon attachement pour Régalat. Je me suis toujours juré de garder la ferme de mes grands-parents...

— Ça ne m'étonne pas, tu as toujours été égoïste. Tu préfères penser à la ferme de tes vieux plutôt qu'à notre propre mas et à ce qu'il représente pour ta fille qui a grandi ici... Je croyais que tu tenais à notre maison, non ?

Si sa famille n'était pas non plus égoïste, elle devait comprendre leur point de vue, rétorquait-il. Et si les valeurs familiales étaient vraiment si fortes, ils ne feraient pas passer les problèmes de succession avant les liens familiaux ! Ceux-ci n'avaient-ils pas davantage de valeur que des pierres ? Ils étaient tous deux d'accord sur tout ça, n'est-ce pas ? Elle changeait d'avis toutes les cinq minutes... !

Que pouvait-elle bien lui répondre ? Il paraissait avoir toujours raison, même si ses arguments ne semblaient pas très humains ni éthiques. Pure rhétorique.

Il avait également cette facilité de glisser imperceptiblement du « je » au « nous » pour l'inclure dans sa démonstration, d'utiliser à la fois la culpabilité, le *pathos* mais aussi la raison pour la convaincre à coup sûr.

Chaque discussion avec lui était un piège tendu. Alors, Emma se taisait.

Bien évidemment, ses beaux-parents ne furent pas en reste et appuyèrent les propos de leur fils :

— Ta famille, c'est maintenant Illario et Louise.

Il aurait fallu qu'Emma oublie les siens ou au moins qu'elle choisisse...

À plusieurs reprises, elle aurait souhaité rejoindre ses proches en Dordogne, régler aussi certaines formalités. Elle n'en fit rien, se laissant persuader par les mêmes phrases sans cesse réitérées :

— Tu te plains de pas avoir assez de temps pour gérer ton boulot et la maison et tu envisages de te barrer là-bas ? En laissant ton mari et ta fille se débrouiller seuls pendant ce temps ? Et avec quel fric ? Tu sais très bien qu'on n'arrive déjà pas à boucler les fins de mois !

En guise de choix, il lui offrit l'alternative suivante : se rendre à Régalat ou partir visiter sa mère l'année suivante pour les vacances. Il s'agissait là de séjours qu'Emma effectuait seule avec Louise, Illario ne l'accompagnant jamais, trop occupé par ses activités de cavage et son ball-trap. Illario ne supportait pas leur éloignement. Il entendait régler le problème par un marché des plus cruels.

Devant la mine dépitée d'Emma, il ajouta :

— Parce que tu n'envisageais tout de même pas de gagner sur les deux terrains ?... Je me rends où en vacances, moi ?

Il se déplaça finalement lui-même, accompagné d'un ami, pour récupérer les meubles dont sa femme avait hérité. Il ne restait plus à Emma qu'à le remercier encore de cette nouvelle marque de bienveillance, cet effort consenti au nom de leur amour.

Elle n'eut pas la possibilité de les accompagner. Il n'y avait pas assez de place dans le camion. Et puis, Illario avait conclu d'un ton catégorique : il fallait bien que quelqu'un reste pour s'occuper de Louise et des animaux.

Au retour, il se montra encore plus pressant pour qu'Emma vende rapidement la propriété. Ils n'avaient pas les moyens de régler l'entretien de Régalat, les impôts, les factures diverses, fustigeait-il. Il trouvait en outre égoïste que la sœur et la tante d'Emma, autres héritières, se retrouvent régulièrement là-bas sans rien payer alors qu'elle-même était également propriétaire. Elles avaient le beau rôle de vouloir faire traîner les choses et de profiter de ces « vacances gratuites » pour elles !

Pourtant, sa sœur et sa tante se contentaient d'y faire leur deuil…

Il ne cessait non plus de rappeler leur situation financière plus qu'alarmante et expliqua à nouveau que vendre la propriété serait une solution à leurs problèmes. Arguments logiques, affectifs, tout y passa. Il n'hésitait pas à se montrer menaçant sans y paraître.

Emma le craignait et n'y voyait plus clair. Ses pensées étaient confuses. Asphyxiée et harassée, elle était prête à damner son âme pour un peu de répit. Elle subissait alors le pire harcèlement qu'il soit.

…Celui invisible qui s'immisce impunément et déguise sa physionomie.

La torture morale.

L'effraction psychique qu'on ne décèle pas, mais qui ronge et dévore continûment.

Sournoisement.

Dans le même temps, la mère d'Emma confia à sa fille que sa sœur et sa tante lui reprochaient son manque d'attachement à la ferme. Les critiques de sa famille à l'égard d'Illario creusèrent encore le fossé.

« Elle va tomber de haut lorsqu'elle ouvrira les yeux ! » prédit sa tante, consternée.

Devant tant de pression et de tensions familiales, prise en étau entre son mari et les siens, quand tatie Françoise lui demanda son avis concernant la succession, Emma lui répondit qu'elle souhaitait vendre dans les meilleurs délais. Si elle savait qu'elle décevait sa tante et sa sœur et trahissait ses ancêtres, si elle savait que certaines choses ne se rachètent pas, Emma ne pouvait non plus ignorer que c'était le prix à payer pour ne pas décevoir son mari, calmer la tension et retrouver sérénité et paix intérieure.

Elle avait atteint ses limites, prête à s'écrouler.

Illario avait visé les fondations. Emma ne s'en relèverait pas.

Et en effet, elle ne fut plus que la moitié d'elle-même après cet épisode, rongée par le remords. Elle, habituellement gaie et enjouée, devenait un arbre sans racines.

La propriété fut vendue et sa part d'héritage servit à solder le crédit de leur maison. Elle ne réalisa pas alors qu'elle venait de céder son petit patrimoine à Illario, la maison lui appartenant en bien propre.

Emma ne revit plus sa sœur et sa tante.

De longues années de silence et d'éloignement.

Elle était brisée de l'intérieur, coupée de ses proches. Pourtant, elle continuait à défendre son époux et à l'aimer.

Seule Mireille espérait encore que sa fille se réveille un jour de ce sommeil hypnotique.

Mais on ne se débarrasse pas si facilement d'un contrat signé avec le diable.

CHAPITRE 8

SAINT JOHN'S

Le docteur Morlov est venu me voir aujourd'hui encore.

Je m'étais assoupie, épuisée par les derniers événements. Quand j'ai ouvert les yeux, je l'ai vu devant mon lit, toujours aussi détendu, les mains dans les poches, son sourire radieux aux lèvres.

Cette apparition me libère un peu de la pression de la matinée et me fait oublier l'intrusion cataclysmique de l'infirmière sadique à mon réveil.

La discussion d'hier soir avec Lucie me perturbe aussi : je ne suis pas prête à accepter un complot à l'échelle planétaire... Comme auparavant, j'ai senti ma conscience m'échapper. Manipulation, mensonges, illusion et réalité... N'en sortirai-je jamais ? Cet échange a rouvert la faille. Je refuse de m'y engouffrer. Hors de question de n'être à nouveau qu'une marionnette. Je préfère balayer définitivement cette pensée. Je lève les yeux vers Morlov qui se tient fixement au bout de mon lit.

Même fragrance que la dernière fois. Même temps d'observation.

— Bonjour Emma.

— Bonjour docteur.

— Comment s'est passé votre dîner hier soir ?

— Bien... J'ai fait la connaissance d'une jeune femme...

Mieux vaut ne pas rentrer dans les détails et ne pas être obligée de lui confier mes angoisses. Mais le ton de ma voix, trop aiguë à mon goût, m'a peut-être trahie. Je n'ai jamais aimé le son de ma voix.

— C'est excellent. Que diriez-vous de descendre au café pour en discuter ?

Son air badin me trouble. Je sens ses yeux posés sur moi. Il me paraît fin observateur. Je devine qu'il lit en moi à livre ouvert. Je me souviens soudain qu'il m'a posé une question et traite l'information à vive allure. Au café ? Je ne sais pas de quel café il veut parler. A-t-il pour habitude d'inviter ses patientes à boire un verre ?

Je garde le silence quelques instants puis ne peux me retenir d'exprimer mes doutes.

— Au café ?

— Celui des visiteurs…

Sans attendre ma réponse, il fait claquer les paumes de ses mains d'un petit coup énergique et lance :

— Allez ! Levez-vous, on y va ! Je vous attends dans le couloir.

Il sort promptement, me laissant seule. Je souris involontairement. Décidément, il est bien étrange et bien sympathique aussi. Son aplomb et son dynamisme sont communicatifs. Je ne peux plus refuser sa proposition et ne vais pas le faire attendre.

Je me lève, cherche le lavabo et un miroir, me rappelant alors que ma chambre en est dénuée.

Elle est dénuée de tout. Comment ai-je pu l'oublier ? Réflexe d'autodéfense psychologique certainement. Pas de vêtements, pas d'affaires de toilettes et encore moins de livres. Il faudra que j'en demande les raisons au docteur Morlov.

J'ouvre la porte et retrouve le sourire inébranlable du médecin qui m'entraîne dans les dédales des étages de l'hôpital.

À côté de lui, je me sens toute petite.

Je n'avais pas remarqué qu'il était si grand et son charisme n'en est que plus évident. Il est bien bâti et ses traits slaves lui confèrent un charme particulier. Tout dans sa démarche est légèreté et aisance. Je le talonne d'un pas aérien, tentant de suivre son rythme, déliée à ses côtés au hasard des couloirs courbes qu'il semble connaître dans les moindres recoins. Sans m'être rendu-compte du trajet parcouru, nous pénétrons déjà à l'intérieur du café si semblable à d'autres. Près de lui, j'oublie un instant mes doutes et mes angoisses. Ou du moins, je parviens à le croire.

— Ce café n'est habituellement pas accessible aux patients. Cependant, comme je vois que vous allez beaucoup mieux, j'ai trouvé judicieux de vous y conduire. Nous y serons plus à l'aise pour échanger. Qu'en pensez-vous ?

Il m'interroge en haussant les sourcils de manière quasi imperceptible. Il paraît suspendu à mes lèvres. Que répliquer ? C'est imprévu et agréable bien sûr !

— C'est très bien docteur.

C'est la seule réponse qui me vient.

Il m'invite à m'asseoir à une petite table près d'une fenêtre qui donne sur un jardin bien entretenu.

Dehors, la vie continue.

Quelques patients lisent ou se promènent, sous la surveillance discrète d'infirmières qui discutent entre elles. Au loin, le mur d'enceinte et le haut portail plein en fer gris rappellent à quiconque l'aurait oublié que nous sommes bien au cœur d'un HP. Et au-delà… Au-delà, je ne préfère pas y penser.

Je tourne la tête et observe la salle. Elle est bien déserte. Une seule autre table est occupée par un jeune homme d'une vingtaine d'années accompagné d'un couple dans la quarantaine. Ses parents certainement.

Une serveuse souriante et aimable nous apporte rapidement notre commande. Un jus de fruits pour moi, un thé pour le docteur Morlov.

Combien de temps a duré notre entrevue ? Je n'en ai aucune idée...

— Je m'abstiendrai de vous soumettre à l'interrogatoire en bonne et due forme du psychiatre rigoureux, Emma, me dit-il, plongeant ses yeux dans les miens, sans se départir de son sourire naturel.

C'est ainsi qu'il m'apprend à quel scénario stéréotypé et questions figées se livrent les psychiatres pour mener leur entretien auprès des patients. Je me réjouis d'être mise dans la confidence. Je me sens rassurée avec lui. Nous continuons d'échanger librement sur nos vies.

Le menton calé sous sa paume, il m'écoute avec intérêt. Cela fait bien longtemps que je n'ai pas reçu autant d'attention. Cela me gêne aussi. Je n'ai jamais aimé être observée. Mains jointes et les doigts croisés, je ne cesse de jouer avec mes pouces, faisant tourner l'un autour de l'autre, dans une danse mécanique. J'en ai conscience, sans pour autant pouvoir contrôler cette mauvaise habitude. Excès de timidité... Si le psychiatre sait me mettre à l'aise, relater mon passé est une épreuve qui me paraît encore insurmontable.

Je ne lui parle que très peu de moi, lui racontant dans les grandes lignes seulement le naufrage de mon mariage et ses suites judiciaires qu'il connaît déjà puisque c'est noté dans mon dossier. J'apprends en retour qu'il est psychiatre depuis quinze ans. Et qu'il est sur le point d'épouser une célèbre danseuse de ballet. Il espère ne pas vivre des déboires conjugaux similaires aux miens ! Son humour habilement dosé me ravit.

Il ajoute qu'il est étonnant que je n'aie pas entendu parler de ce mariage tant « l'affaire » fait la Une de la presse *people*.

Sa spontanéité et sa franchise me mettent à l'aise. Il parvient même à me faire rire. Au détour de la discussion, voyant très certainement que je l'observe de temps à autre, il m'explique que le jeune homme assis à quelques tablées de la nôtre est suspecté d'avoir passé du temps en Syrie et d'avoir participé au Djihad. Il s'est vu interner à *Saint John's* à son retour.

— Encore un jeune paumé sans repères. Mais j'ai bon espoir de lui redonner goût à la vie !

Son enthousiasme est si rafraichissant. Il parvient à me détendre.

Bien sûr, nous parlons aussi de mon cas personnel. Je ne peux m'empêcher de l'interroger au sujet de mes proches.

— Comment se fait-il que je n'aie de nouvelles de personne ?

— Les liens avec l'extérieur sont volontairement suspendus pour vous permettre un prompt rétablissement, Emma.

Mon regard dans le vague l'emmène à préciser :

— Ce dont je ne doute pas !

Je me rends compte que je n'ai qu'une idée toute relative du temps qui s'est écoulé depuis mon arrivée ici.

— Cela fait une semaine que vous êtes à *Saint John's*, explique Morlov. Après deux jours de coma et au vu de votre agitation à votre réveil, vous avez été plongée trois journées supplémentaires dans un sommeil artificiel et maintenue sous contention.

Devant mes yeux écarquillés, il précise :

— Vous étiez agressive à l'égard du personnel et dangereuse pour vous-même. Vous cherchiez aussi à vous automutiler.

J'en suis surprise et déstabilisée, d'autant que je n'en garde aucun souvenir.

Il se veut rassurant :

— Vous vous en sortirez, Emma…

En proie au doute, sa confiance me rassérène cependant.

Je me dois de me réjouir d'aller mieux, ne me rappelant pas être allée aussi mal

Les yeux dans le vague, je ne parviens pas à réaliser. Une semaine que je suis ici… Déjà ! En même temps, ma vie me semble s'être arrêtée.

— Vous voilà bien pensive, Emma...

Je sursaute.

Comme pour me rassurer, il me promet que j'intègrerai rapidement une nouvelle chambre équipée de sanitaires si mon état se stabilise dans le bon sens et que je pourrai bientôt retrouver mes vêtements personnels et pourquoi pas quelques livres, précise-t-il gentiment, déduisant ma passion pour la lecture de ma profession.

Il me raccompagne jusqu'à ma chambre.

Je m'écroule sur le lit, vidée, mais plus légère malgré les circonstances.

CHAPITRE 9

LASTOURS

Emma était devenue une ombre qui se laissait dévorer par celle d'Illario.

Elle tentait de survivre en donnant à sa vie l'apparence du bonheur puisqu'il ne lui en restait plus que l'illusion.

L'activité de cavage continuait de peser sur le quotidien. Illario multipliait les compétitions et courses à la truffe, les ball-traps et les parties de chasse. Emma l'accompagnait dans tous ses déplacements comme il l'exigeait, corrigeant mécaniquement deux, trois copies sur une table de camping pliante, s'accommodant du bruit tant bien que mal, et occupant Louise du mieux qu'elle le pouvait. Des questions, elle ne s'en posait pas. Elle n'en avait pas le temps.

Pour ce qui était du quotidien. Repas des animaux deux fois par jour. Promenades cinq fois par jour pour les chiens, comme pour les cochons. Entretien de la maison, dépendance des porcins à récurer même si Illario vantait souvent leur propreté.

« Les cochons sont aussi propres que des chiens ! » racontait-il fièrement.

Les rêves d'Emma étaient peuplés de déjections, d'aboiements, de grognements et de bave immonde. Elle en avait la nausée.

Les porcins s'étaient encore multipliés. Illario était fier de développer une activité très prenante qui le passionnait. Même si elle

81

ne remplissait pas davantage le frigo.

Illario partait dormir pour chaque mise bas sur un canapé pour être près de ses bêtes. Emma ne partagea pratiquement pas ses nuits avec lui une année durant où quatre portées s'étaient enchaînées. Elle devait rejoindre son mari là-bas certaines nuits pour assouvir ses besoins sexuels afin de ne pas le mettre en colère. Elle y subissait toujours les mêmes humiliations, les mêmes pratiques brutales et avilissantes qu'elle refoulait sur-le-champ.

L'un de ces après-midi, alors qu'Emma était venue l'aider pour la pesée des porcs, Illario arriva près d'elle et elle sentit immédiatement à son sourire pervers et son regard insistant quelles étaient ses intentions.

On va jouer ma belle…

Mais ça, Emma ne le savait pas.

— Je vois que tu as envie de te faire prendre.

Illario était apparemment fier de son petit effet de surprise. Il souriait en agitant la paire de menottes qu'il avait dissimulée derrière son dos. Emma resta estomaquée, se demandant un instant si c'était encore son humour sardonique habituel. Elle ne se posa pas longtemps la question car il l'obligea, en lui enserrant le cou, à se mettre à quatre pattes, les genoux à même le carrelage. Il lui fixa solidement les poignets à la grille de l'enclos à cochons et les pieds à la rambarde des escaliers qui s'élevaient en colimaçon derrière elle. Ses larmes coulaient déjà quand elle sentit qu'il lui bandait les yeux. Elle trembla de peur, ne sachant quels sévices il allait encore lui imposer. Et, en effet, elle était loin d'imaginer ce qu'il avait derrière la tête.

— Que dirais-tu de te faire prendre par l'un des chiens ? Allez, je suis royal, je te laisse choisir lequel !

Emma hurla.

C'était impossible !

Peut-être faisait-elle un cauchemar. Ce ne pouvait être réel.

Elle le supplia.

Des humiliations, elle en avait subi, mais elle n'aurait jamais imaginé cela.

Illario se contenta de ricaner. Il la trouvait vraiment trop crédule. C'était si amusant ! Et excitant !

Il la baisa brutalement alors qu'elle sanglotait ridiculement puis, après avoir terminé son affaire, la détacha et ôta le foulard qui lui bandait les yeux :

— Tu as cru que j'allais faire venir les chiens ? T'as vraiment les idées mal placées…

Une nouvelle entaille venait de lézarder son quotidien.

Emma avait quitté les dépendances en pleurant et n'avait qu'eu le temps de sortir pour vomir son écœurement.

Le lendemain, elle tenta toutefois d'effacer la scène humiliante de la veille comme elle le faisait à chaque fois.

Se donner l'illusion de la normalité… Il ne lui restait que cela même si, malgré les refoulements, elle ne pouvait nier l'imposture et la brutalité de plus en plus insupportable d'Illario. Et, chaque jour s'efforcer de faire semblant. Jusqu'à quand ?

Durant ces semaines, Louise, toujours en quête de tendresse, vint rejoindre sa maman dans le lit conjugal désormais vide. Emma palliait aussi l'absence du père.

En journée, Illario invitait régulièrement des chasseurs ou collègues du ball-trap. Presque chaque week-end. Il fallait supporter leurs remarques graveleuses, le récit de leurs exploits dignes de *Tartarin de Tarascon*. Leur grossièreté.

Le reste du temps, Emma gérait le site internet qu'Illario lui avait gentiment demandé de créer pour la vente des quelques truffes qu'il récoltait. C'était sans compter les tâches administratives : contacts avec des restaurateurs locaux ou les épiceries fines, réponses aux mails, facturation, comptabilité, rédaction des articles pour le site internet. Elle était devenue la secrétaire particulière d'Illario et il se nourrissait encore une fois de ce fantasme qui flattait son ego alors qu'Emma s'usait un peu plus.

Illario se permettait aussi de temps en temps, sous la forme de son humour obscène qu'elle détestait tant, de la provoquer en lui disant que ce pourrait être excitant de faire un plan à trois avec un de ses collègues chasseurs. Emma vivait ainsi chaque visite dans une sourde angoisse.

Il ne mit heureusement jamais ses menaces à exécution. Emma lui appartenait. À lui, et à lui seul.

Quand il lui restait enfin cinq minutes, Emma enchaînait avec les tâches ménagères, la correction de ses copies, la préparation des cours, les courses.

Illario la consolait en lui expliquant que c'était le lot de toutes les femmes.

Emma se sentait seule.

Inlassablement seule.

*
* *

C'est cette année-là, alors qu'Emma ne l'imaginait même pas tant les habitudes étaient bien installées, que l'équilibre fragile de leur couple bascula en même temps que le beau rêve d'Illario. Un des cochons, Midas, son préféré, avait succombé à une maladie respiratoire, dans d'affreuses souffrances.

Illario et Emma avaient fortement suspecté la grippe porcine. Tous les symptômes corroboraient cette hypothèse. Fièvre, toux, perte d'appétit, difficultés respiratoires. La famille avait été ébranlée. Illario qui se vantait d'avoir la meilleure lignée de cochons de cavage de la région voyait son désir de gloire et de podiums réduit à néant du jour au lendemain. Et ressurgissaient en même temps faille narcissique et vide existentiel.

Que fallait-il faire ?

Garder les bêtes malgré tout ?

Au risque de mettre la santé de la famille en péril ?

Fallait-il au contraire se résoudre à les « éliminer » ?

Emma était attristée par son désarroi. Terrifiée aussi à l'idée de cette maladie qui rôdait chez eux. Et pour une fois, elle sentait Illario si fragile et si humain. Mais, en même temps, quelle situation incongrue…! Il semblait révéler des sentiments profonds à l'égard de ses animaux alors qu'il était si distant avec Louise, rude et méprisant avec elle.

Pour sa part, Emma était décidée à ne pas se prononcer. Elle était également attachée à leurs animaux bien qu'ils soient envahissants et ne souhaitait pas faire elle-même ce choix si déterminant qui bouleversait Illario.

Un soir, alors qu'elle venait tout juste de rentrer du lycée, elle eut une longue discussion avec Illario à la fin de laquelle il conclut qu'il valait sûrement mieux se débarrasser des cochons. Emma acquiesça pour lui exprimer sa compréhension et le soutenir dans son choix douloureux. En même temps, cela la rassurait, certaines manœuvres frauduleuses d'Illario l'inquiétant. L'activité de cavage n'était pas déclarée et son époux s'en défendait en expliquant que c'était coutumier dans ce milieu. Elle craignait, pendant que son mari s'en amusait, que ses pratiques illicites ne leur portent préjudice. Cela l'excitait. Il aimait agir à la limite de la légalité, se frotter à l'autorité pour affirmer son propre pouvoir et en tester l'étendue.

La décision fut entérinée.

Euthanasier ses cochons avait anéanti Illario. Ce fut un tournant capital dans leur vie.

Emma aurait dû comprendre qu'il n'allait pas tout arrêter sans lui en faire payer le prix fort. Tout ce qui le contrariait lui était imputé et elle allait en faire la douloureuse expérience.

Ainsi, quelques jours seulement après cette épreuve, à table, au détour d'une conversation anodine, il lui expliqua que c'était mieux ainsi.

— De toute façon, tu ne supportais plus cette vie. Je ne pouvais pas continuer en ne me sachant pas soutenu.

Emma laissa choir sa fourchette. Une véritable révolte couvait en elle qui explosa.

Révolte et incompréhension.

— Je ne t'ai pas assez soutenu ? Et tout ce temps passé, tous les sacrifices pour que tu puisses t'accomplir ! Tu n'as qu'à dire que tu arrêtes à cause de moi tant que tu y es…

— Ça n'est pas moi qui le dis… Mais c'est bien que tu le reconnaisses…, ajouta-t-il.

La colère d'Emma éclata. Comment pouvait-il lui reprocher cela après son investissement, le temps passé, les contraintes imposées, le sacrifice de leur vie familiale pour la réussite de son activité ? Sans compter que l'euthanasie des cochons l'avait touchée tout autant que lui.

En guise de réponse, Illario lui fit remarquer qu'elle n'était pas sur une scène de théâtre.

— Regarde dans quel état tu te mets. Tu es folle ma pauvre !

Elle partit à nouveau pour pleurer sous les moqueries d'Illario.

À l'abnégation d'Emma se superposait l'égocentrisme d'Illario. Et pour la première fois, elle commençait à en prendre conscience.

Le lendemain, il était revenu vers elle avec son sourire charmeur, comme si rien ne s'était passé la veille. Oui, Emma avait vraiment l'impression de devenir folle ! Et cette situation avait duré trop longtemps. Il fallait que cela cesse ! C'était sa santé mentale qui en dépendait désormais.

L'affaire pourtant ne s'arrêta pas là. Peu de temps après, Illario lui expliqua s'être confié à l'une des épouses de ses amis chasseurs et lui avoir expliqué qu'Emma allait certainement lui demander davantage d'investissement à la maison maintenant qu'il n'avait plus d'occupation. « Je n'ai pas envoyé en l'air toute ma vie pour m'atteler aux tâches du foyer dont je n'ai rien à foutre. Je n'ai pas l'intention de jouer à la bonniche à la maison. J'ai besoin de pouvoir m'accomplir moi aussi ! » Il s'était plaint tel l'enfant gâté qu'il n'avait jamais cessé d'être.

Elle le trouvait pitoyable.

Il se dressait face à elle dans toute sa bassesse et retrouva alors sa juste taille, celui d'un égoïste pervers. Jadis un fils à papa que sa mère n'avait jamais voulu contrarier, aujourd'hui un manipulateur narcissique d'un infantilisme inouï. Voilà l'homme qu'elle avait épousé.

Un prince charmant de pacotille. Un monstre d'égoïsme.

Illario s'affichait désormais tel qu'il était et non à travers le prisme déformant de la passion. Car non seulement elle ne lui avait encore rien demandé, mais n'avait pas l'intention de lui réclamer davantage d'investissement plus tard. Elle n'était pas ce genre de femme.

Elle était le genre qui se sacrifiait bêtement. Et il le savait. C'est la raison pour laquelle il l'avait choisi. Et épousée.

Toute cette abnégation pour quel résultat ? Emma n'attendait pourtant que de l'amour de sa part ! De l'amour ? Était-il seulement capable d'en ressentir ?

Et pendant ce temps, Illario faisait son malin, prétendant pouvoir lire dans ses pensées

Emma s'était oubliée pour lui. Il lui reprochait pourtant son manque d'investissement jusqu'à la rendre malade. De surcroît, il se confiait de leurs problèmes familiaux en premier lieu à une amie et non à sa femme. La situation était navrante et pathétique.

Paradoxes, faux-semblants, induction, Emma reçut en pleine face sa mauvaise foi, ses manipulations, son égoïsme et sa lâcheté. Comme l'avait prédit sa tante, elle tombait de haut et vit son univers et ses certitudes basculer en quelques jours.

La révolte couvait. Il lui fallait maintenant trouver la force de l'exprimer à Illario. Trouver le courage et l'énergie qui lui avaient fait défaut jusqu'ici.

C'était devenu une nécessité vitale.

CHAPITRE 10

SAINT JOHN'S

Quand le docteur Morlov a su que j'avais hurlé sur l'infirmière - Rita, comme il m'a appris qu'elle se nommait - il m'a conseillé de participer aux activités de loisirs organisées à l'hôpital. Pour me « détendre un peu ». « Cela vous apaisera », a-t-il ajouté. « Vous en avez apparemment grand besoin... »

Sa remarque m'a vexée, mais j'ai néanmoins accepté sa proposition. En retour, j'ai obtenu de lui la faveur de ne plus avoir affaire à la sadique. Rita...

Ce soulagement vaut bien un petit effort.

C'est ainsi que je me retrouve ce matin dans la « salle verte » pour une séance combinée d'ergothérapie et d'art-thérapie. Une salle qui porte bien son nom, un vert anis recouvrant les murs du local dédié aux activités manuelles.

Assis autour d'une grande table ronde, nous sommes sept à participer à l'atelier. Trois femmes, et quatre hommes. Face à moi se tiennent deux dames un peu pincées, gorgées de mansuétude.

— Bonjour à tous. Je m'appelle Martine. Je suis ergothérapeute, pour celles et ceux qui ne me connaissent pas encore. Mon métier consiste à réveiller vos richesses intérieures et vos aptitudes corporelles. Pour cela, je suis aujourd'hui accompagnée de mon amie

Josiane, art-thérapeute.

Josiane sourit de toutes ses dents.

— Bonjour mesdames, bonjour messieurs... Comme vous l'a dit Martine, je suis art-thérapeute et m'attacherai donc aujourd'hui à l'éveil de vos talents artistiques. Car nous sommes tous des artistes en herbe, ne l'oubliez pas !

Elle se fend d'un rire fané. Sa comparse acquiesce en signe de connivence.

Je sens le malaise poindre en moi. Une boule molasse me noue les tripes et se nourrit de la suffisance des deux intervenantes. Leur idéalisme utopique me flanque la nausée.

Les autres patients ne réagissent pas, apparemment engourdis par les comprimés, l'esprit en hibernation, à mille lieues des consignes données. Les deux *Pompadours* sont bien trop absorbées pour s'en rendre compte.

« Elles sont bénévoles, Emma... Ne sois pas si dure », me crie la voix sournoise de la bonne conscience.

— L'atelier que nous avons conçu pour la séance d'aujourd'hui, reprend Martine, consiste à créer des marque-pages. Nous vous avons apporté le matériel nécessaire.

En même temps que sa comparse s'exprime, Josiane déballe avec entrain sur la table des feuilles cartonnées multicolores, des pastels, de la peinture, des paires de ciseaux à bout rond et même des pots emplis de paillettes dorées...

— Nous vous invitons tout naturellement à laisser parler votre imaginaire pour illustrer de jolis marque-pages.

Des marque-pages ? Mais où leur est venue cette idée saugrenue alors que nous n'avons même pas de livres pour la plupart ? Intuition féminine : je la sens mal cette activité, très mal... Et leur manière de s'adresser à nous comme à des gamins attardés, ainsi que cette activité digne d'une classe de maternelle, me font me dresser les cheveux. En même temps, qui suis-je pour juger ?

De nouveaux sentiments contradictoires germent… Je ne me sens plus digne d'user de mon esprit critique après l'aveuglement subi.

— Voilà les modèles que nous vous avons apportés et dont vous avez tout loisir de vous inspirer… Vous pouvez commencer par choisir votre feuille cartonnée et découper un rectangle pour votre marque-page.

Bien sûr, personne ne réagit. Ils restent tous bouche bée comme je m'y attendais. Allez Emma… Fais preuve d'un peu de bonne volonté.

Je me lance. Je m'empare d'une paire de ciseaux pour montrer l'exemple et découpe un rectangle dans une feuille bleu-pastel. J'encourage ma voisine, une femme sans âge au regard vide à faire de même par un hochement de tête. Ça marche. Enfin presque… Elle tranche grossièrement du papier blanc. Toujours est-il que le signal semble être donné. Chacun s'applique méthodiquement à découper des feuilles de toutes les couleurs, à grands coups saccadés, sous les exhortations grotesques des deux intervenantes.

Bientôt, chacun s'empare de crayons, de pastels ou pinceaux, donnant vie à des masses informes et effrayantes, dans des couleurs sombres ou trop criardes, réveillant visiblement sur le papier leurs cauchemars ou leurs angoisses. Et le résultat est à la hauteur de leur gouffre intérieur…

Le vieil homme maigrelet qui se tient à ma droite paraît soudain s'exciter à écraser la pointe de son feutre sur ce qui me semble être le dessin grossier d'un phallus… Un rictus déchire son visage et ses yeux brillent singulièrement quand il empoigne les ciseaux. Je n'ai que le temps de m'écarter et d'entendre les deux acolytes hurler quand il se retourne vers moi, me menaçant de sa paire de ciseaux à bout rond.

Heureusement, un infirmier alerté par le raffut fait déjà irruption dans la « salle verte » et dégaine sa seringue qui neutralise l'agitateur en un instant. Le soignant se dresse soudain face moi, seringue menaçante. Je ne dois mon salut qu'à Josiane qui a tout juste le temps de lui expliquer que je n'y suis pour rien et que je suis la victime, non l'agresseur...

Je manque m'évanouir devant le surréalisme dantesque de la situation et constate que plusieurs membres du personnel soignant ont investi la salle, évacuant les malades dans un brouhaha indescriptible.

Au bout de quelques minutes, je me retrouve seule avec Josiane et Martine qui tentent de me rassurer bien qu'elles paraissent encore plus terrifiées que moi. Je me retiens de ne pas hurler.

Je me demande comment cela se passe pour les cours de cuisine !

De retour dans ma chambre, inutile de faire un bilan pour constater le désastre de ma vie.

Voilà à quoi j'en suis réduite.

Infantilisée dans cette prison pour fous, je n'ai plus aucune certitude, sinon celle d'un immense gâchis et d'un vide absolu.

Pourquoi survivre au cœur d'un hôpital pour mort-vivant quand je ne sais comment j'en sortirai ? Et en sortir pour quelles raisons ? Je préfère encore vivoter dans ce trou à rat plutôt que de faire face à l'échec de mon existence et vivre sans elle. C'est un terrible paradoxe, il me faut le reconnaître.

Elle... Ma fille... que je ne parviens même plus à nommer sous peine d'en perdre la raison tant la douleur est grande.

Au moins, ici, on ne nous demande même plus de réfléchir.

CHAPITRE 11

LASTOURS

10 h 10.

Emma ouvrit la porte pour échapper au tumulte du couloir. Une vague d'élèves qui remontait en courant la propulsa au cœur du théâtre alors qu'elle venait tout juste d'actionner la poignée et cet autre chaos s'abattit sur elle. Celui de la salle des profs.

Après un rapide coup d'œil alentour, elle se décida à se faufiler discrètement dans la salle annexe abritant la photocopieuse, tentant d'éviter autant que possible le délégué syndical bien en évidence à l'entrée et qui ne manquait jamais de la prendre à témoin. Il était en conversation aussi passionnée que puérile avec un jeune professeur - comme semblaient l'indiquer en tout cas sa mallette noire, sa chemise boutonnée jusqu'au col et ses richelieus vernis -, nouvelle proie enseignante à conquérir avant son ennemi juré, le délégué de l'autre syndicat.

Emma était épuisée et vidée. Elle n'avait pas l'énergie d'y faire face.

Elle essaya de se rendre invisible comme elle savait le faire et espérait ainsi ne pas se faire remarquer. À moins que la malchance ne s'en mêlât pas.

Elle poussa un soupir de soulagement en constatant qu'elle avait accompli l'exploit recherché.

Soulagement renouvelé en remarquant que la photocopieuse était disponible, fait également plutôt rare durant la récréation du matin. Elle entreprit alors sans attendre la reproduction du dernier devoir surveillé, un commentaire littéraire sur *Madame Bovary*. Les feuilles brassées par le copieur étaient aussitôt éjectées et empilées les unes sur les autres.

Emma observait le ballet immuable des feuilles, sauf lorsque l'une d'elles restait coincée dans le tambour. Elle en ressortait alors en miettes. Emma se prit à rêvasser au sort de la malheureuse. Pourquoi celle-ci plutôt qu'une autre ? C'était seulement l'effet du hasard… Le sort des hommes était-il davantage enviable à celui des pages blanches qui subissaient le rude traitement de la machine ?

Chaque geste du quotidien était sujet, pour Emma, à une totale remise en question. Elle avait trouvé jusque-là une échappatoire au lycée. Se plonger dans la préparation de ses cours, organiser des projets, transmettre et éveiller l'esprit des jeunes l'avaient toujours passionnée. Désormais, elle se sentait creuse et inapte.

Illario l'avait brisée. Sans plus aucune confiance en personne non plus.

Pourtant, à ce moment-là plus qu'à tout autre, alors que son couple volait en éclat, elle avait besoin de se lancer à corps perdu dans sa passion, besoin de se changer les idées, de se fixer un objectif pour tenir. Cet espoir était également vain. Les adolescents et ses collègues la vidaient eux aussi. À cet instant, elle songea que peut-être qu'à la cantine tout à l'heure elle aurait une nouvelle fois à faire face à l'éternelle question du retour de congés : « Alors, tu es allée où pour les vacances ? » Que leur inventerait-elle cette fois-ci ?... Comment pouvait-elle leur dire qu'elle les avait passées à s'occuper des chiens et des cochons et qu'elle avait fait le tour des ball-traps de la région ?

Un monde la séparait de ses collègues.

Des mondes hermétiques l'un à l'autre.

Alors, elle donnerait le change en parlant du seul bouquin qu'elle avait trouvé le temps de lire, entre deux corvées.

Pourquoi mentait-elle, elle qui détestait l'hypocrisie ? Tout simplement parce que toute sa vie n'était qu'une bien triste comédie, une sorte de *Truman Show* dans lequel elle tenait le premier rôle.

Inutile de chercher réconfort auprès des élèves. Les jeunes ne s'intéressaient plus à grand-chose et leur niveau ne pouvait même plus être qualifié d'inquiétant tellement il était catastrophique. Ce vide abyssal aspirait Emma tout entière. Elle venait juste de sortir de cours avec sa classe de première ES. Elle se remémora son désarroi face à la question posée une heure auparavant par Stéphane, dix-neuf ans, élève de première, sur l'accord du participe passé.

— Madame, comment j'écris « ai rédigé » ?

— Voyons Stéphane, tu cherches le COD…

— Le quoooooiiiii ?

Elle avait pris sur elle.

— Le COD… Le complément du verbe… Tu poses la question « qui » ou « quoi » après le verbe… avait-elle répondu d'une voix douce mais néanmoins morne.

— Oh là ! Je comprends rien… !

— Tu dois te poser la question : « J'ai rédigé quoi ? »…

— Ah ! OK ! Eh ben,… alors le COD c'est « la problématique » ! Car, « j'ai rédigé quoi »… ? « la problématique ! » avait-il déclaré d'un air conquérant, le regard farouche…

— Très bien, alors si ton COD est devant le verbe, tu accordes le participe passé avec lui.

Blanc.

Stéphane l'avait regardée, incrédule.

— Oh là ! C'est trop dur ! Vous pouvez pas venir me corriger ça, vous ?

Emma s'était efforcée de faire à nouveau preuve de patience.

— Stéphane, si je viens corriger moi-même ta phrase, tu ne sauras jamais faire l'accord par toi-même… Ce n'est pas compliqué. Dans le cas présent, comme ton COD est devant ton verbe tu ajoutes un « e » au participe passé puisque le COD est féminin.

Elle avait toutefois cru utile de préciser :

— Sois néanmoins vigilant de n'accorder qu'avec le COD, pas le COI s'il y en a un…

— Ah, d'accord ! s'était-il exclamé comme s'il venait de découvrir un piège ou un complot... C'est bien ce que je pensais ! Le français, c'est vraiment n'importe quoi !

Emma n'avait pu s'empêcher de songer que c'était le programme de CM2…

Pendant le temps de l'échange, Sabrina, son élève à « besoins spécifiques » de vingt-deux ans, balançait vivement et régulièrement le torse d'avant en arrière, les yeux fixés dans le vide sous le regard désespéré de Valérie, l'auxiliaire de vie scolaire qui l'accompagnait en classe, impuissante face à l'autisme de la jeune fille. Il était alors 9 h 20. Le cours avait commencé depuis quinze minutes et Emma n'avait toujours pas pu entamer sa séance sur la vacuité dans l'œuvre de Flaubert…

Le copieur venait de s'arrêter au moment où le duo pontifiant composé de ses deux autres « collègues » de français fit irruption dans la « salle de reprographie », comme elles la nommaient…

— J'ai lu son roman ce week-end. Cette écrivaine est d'une telle sensibilité ! Et puis son écriture est si originale et tellement littéraire ! Pour une fois, ils ont bien choisi leur *Goncourt* cette année !

Emma n'avait jamais compris pourquoi ses acolytes professeures de lettres avaient toujours la fâcheuse habitude d'employer des superlatifs, qu'ils soient de supériorité ou d'infériorité, pour qualifier les romans qu'elles avaient lus. Car, bien évidemment, leur jugement était sans appel et ces derniers étaient à leurs yeux soient des chefs d'œuvres, soient de purs navets, la plupart du temps conformément à la critique faite par *Télérama*. Et à l'heure de la récréation, ce serait à celle qui serait la plus convaincante pour disserter de la dernière sortie littéraire ou du dernier spectacle à voir.

Les professeurs de lettres étaient pour la plupart des femmes, comme c'était majoritairement le cas dans le corps enseignant tout entier et la salle des profs était l'un de ces nouveaux lieux où le sexe « faible » devenait le plus fort. Elles n'allaient pas tarder à le confirmer :

— Et cette année, le *Goncourt* et le *Femina* reviennent tous les deux à des femmes… Ça fait plaisir pour une fois ! gloussa Églantine en réponse à Monique alors qu'elles quittaient « la salle de reprographie ».

Au même moment, le portable d'Emma vibra. C'était un SMS d'Illario qui comme toujours trouvait un moyen de prolonger le lien et par là même son emprise.

« Rappelle-moi ! »

Emma prit le parti de l'ignorer. Elle était déterminée.

L'arrivée de Valérie, l'auxiliaire de Sabrina, son élève de première, l'égaya un peu. Elle appréciait cette collègue pour son naturel et sa franchise. Ses yeux creusés par de gros cernes révélaient son épuisement à elle aussi.

— Je ne sais pas comment je vais tenir jusqu'à la fin de l'année… J'ai l'impression d'être inutile… Sabrina n'est pas à sa place ici. J'entretiens juste l'illusion de sa mère qui croit que sa fille est surdouée… Ras-le-bol !

Bien évidemment, Emma comprenait, comme elle le lui rappela. La détresse de Valérie la touchait. Pour avoir Sabrina dans sa classe, elle savait pertinemment qu'elle n'avait rien à faire dans un lycée d'enseignement général et qu'au lieu de révéler ses talents spécifiques, sa mère, « en ne voulant que son bien », comme les membres de la communauté éducative le rappelaient sans conviction, s'évertuait à la leurrer et accentuant son mal-être. La jeune fille s'échinait à être à la hauteur des attentes démesurées de ses parents alors qu'elle était dépassée de très loin par tout ce qui se déroulait en cours.

Mais où était sa place ? Quelqu'un s'en était-il soucié ?

Personne ne faisait rien pour l'apaiser et l'aider à se construire.

— En même temps, je ne peux pas refuser ce poste. J'ai besoin de travailler…

Les yeux luisants de l'auxiliaire parlaient d'eux-mêmes.

Valérie remercia Emma de son écoute.

— Tu es la seule avec laquelle je peux discuter de tout cela. Les autres ne comprennent pas.

Et elle ajouta en chuchotant :

— Ils trouvent mes propos choquants et déplacés.

La sonnerie vint leur rappeler les obligations d'une société chronophage bien régulée. Système tout entier conçu pour exhorter les hommes à suivre la cadence, leur laissant penser que c'est dans la norme et même pour leur bien. Rentabilité oblige.

Retour dans la matrice…

Pesanteur de la routine et de l'imposture.

Emma songea au moment où elle devrait rentrer chez elle.

Elle ne comprenait pas encore que la lucidité ici se payait de la lourde rançon de l'aveuglement là-bas…

Comment, dans ces conditions, sortir de l'engrenage ?

CHAPITRE 12

SAINT JOHN'S

Depuis combien de temps suis-je à Saint John's ? Je ne saurais le dire.

L'espace ici se comprime alors que le temps se dilate.

Vague impression d'être dans un couloir au plafond trop bas.

…Interminable cependant.

…Sans issue de secours.

Et en prime, cette sensation désagréable d'être comme en apesanteur.

Dans une bulle.

Mes cauchemars ne me quittent pas non plus. Alexandre me disait souvent que le cerveau n'est qu'un immense ordinateur obéissant à un « lambda calcul », sorte de langage universel formalisant toute opération logique. Une *Pierre de Rosette* de la pensée.

Le mécanisme des rêves, quant à lui, ressemble à s'y méprendre à un *ScanDisk*, permettant la réparation des données en cours d'utilisation quand l'ordinateur plante. À un défragmenteur aussi, faisant le tri dans nos pensées. Retrouver, analyser et éventuellement détruire ou restaurer les données, la finalité du rêve n'était autre. Normal dans ce cas que mes nuits soient si agitées… Mon pauvre cerveau doit surchauffer à gérer toutes les tâches qui lui incombent. Il a du boulot avec moi ! Trop de fichiers à refermer ou supprimer…

Ce soir, j'ai dû appeler l'infirmière de garde pour lui demander la permission d'aller me dégourdir les jambes tant la pression était grande. Ventilation obligatoire des circuits. Nécessité d'évacuer ce verbiage dans ma tête qui me hante. Une cocotte-minute à feu vif… Prête pour l'implosion !

Me voilà donc à arpenter les couloirs déserts en pyjama, sous l'escorte de l'infirmière de nuit.

Marcher me libère un peu. Cela me fait l'effet d'une purge, une sorte de vidange express…

L'horloge affiche 0 h 48.

En passant devant la salle d'attente des visiteurs, j'aperçois Lucie en train de feuilleter une revue. Je demande l'autorisation de la rejoindre.

Liberté surveillée accordée.

Lucie sursaute légèrement lorsque j'entrouvre la porte d'entrée vitrée puis elle sourit en voyant que c'est moi. Ses cheveux roux flamboient à la lumière des néons. Je distingue le titre du dossier qui se détache sur fond rouge dans le magazine qu'elle tient : « Enquête sur la folie des complots. »

Je ne suis guère étonnée par sa lecture.

— Emma ! Je ne m'attendais pas à te trouver ici à cette heure !

Son visage s'est illuminé.

— Moi non plus, à vrai dire !

Dois-je me réjouir ou m'inquiéter de la croiser à nouveau ? Je ne sais… Avec elle, tout est possible. Je suis pourtant contente de la rencontrer là, ce soir, dans la solitude de *Saint John's*. Même si elle est bizarre, il émane d'elle une certaine chaleur. Elle me stresse tout en m'étant sympathique. Encore une des contradictions qui me sont propres.

— Insomnie toi aussi ?...

J'acquiesce d'un mouvement de tête avant de m'asseoir près d'elle.

Rapide coup d'œil sur son article par-dessus son épaule puis j'ose la questionner… même si je sais où tout cela va nous conduire :

— Lecture instructive ?

— Très ! On commence apparemment à intéresser les médias qui jugent désormais nécessaire de nous faire passer pour des paranos… Je ne sais pas s'il faut en pleurer ou s'en réjouir ! Je rêve à penser qu'on est enfin pris au sérieux puisque les journalistes daignent parler de nous… Par contre, l'amalgame m'écœure : « les complotistes » et même les lanceurs d'alerte sont qualifiés de « colporteurs de haine » ! On nous faisait déjà passer pour des conspirateurs, pourquoi pas des terroristes maintenant !

Lucie s'exprime encore avec le même débit mitraillette. Un petit écureuil sur le qui-vive, prêt à bondir au moindre danger.

Elle poursuit dans la foulée :

— Dans le même numéro, un article vient aussi cautionner le nouveau projet de loi sur le renseignement… Pff ! Je suis dégoûtée… Mais bon, ce qui se passe entre ces quatre murs n'est pas plus sain.

Elle a piqué ma curiosité…

— Que veux-tu dire ?

Elle hésite un instant puis poursuit à voix basse.

— Je crois qu'à toi je peux en parler… Tu es une des rares à qui je pense pouvoir faire confiance…

Je suis étonnée et flattée. Je l'observe avec attention.

Elle ajoute aussitôt, du ton théâtral que je lui connais désormais :

— Un soir, peu de temps après mon arrivée, j'ai assisté à une scène effarante dans le bureau des infirmières. Je m'étais levée suite à un sommeil agité et un féroce mal de tête – un peu comme toi ce soir – à la recherche d'une dose d'aspirine. Leur bureau était grand ouvert alors que le local était éteint. Un filet de lumière filtrait sous une autre porte, au fond de la pièce. Des bruits étouffés parvenaient à mes oreilles. J'ai demandé s'il y avait quelqu'un. Personne n'a répondu…

101

Je me suis alors discrètement avancée vers la porte que j'ai entrebâillée et là, quelle surprise de découvrir l'infirmière de garde dans une position sans équivoque ! Plutôt gênant... Enfin pour moi, parce qu'elle, elle avait l'air d'apprécier ce que lui faisaient le brancardier et l'infirmier... Enfin... Tu vois ce que je veux dire !

Entre ses anecdotes croustillantes, son ton de comédienne et ses scénarii paranoïdes, elle ne manque pas d'attrait ! Quelle fille spéciale !

— Tu veux dire que tu les as surpris en train de baiser ?

— En train de baiser ! C'est tout à fait ça ! Le brancardier assis sur une chaise, l'infirmière le chevauchant et le troisième derrière... Un vrai film X ! J'ai laissé échapper un petit cri de surprise. Le brancardier a tourné les yeux sur moi. Ça ne l'a pas empêché de continuer. ...Quand ils ont eu fini leur affaire, l'infirmière est venue me trouver dans ma chambre. Elle avait l'intention d'acheter mon silence. Elle m'a demandé de rester discrète... Rester discrète... tu m'étonnes ! C'est pour ça que j'ai encore tous mes esprits : parce que je ne suis pas obligée de prendre leur traitement assommant et que j'ai même quelquefois droit à de petites faveurs...

Je souris.

— Nan ! Pas ce genre de faveurs..., ajoute-t-elle en plaisantant. Un paquet de clopes par ci ou une pâtisserie de temps à autre. Mais putain, je t'assure, les plus timbrés c'est eux !

— Et l'infirmière, c'est qui ?

— Je te laisse deviner...

Elle me jette un clin d'œil coquin.

— Si c'est la grosse Rita, je vomis tout de suite...

— Non, j'ai dit film porno, pas film d'horreur... !

Nous rions toutes les deux. Puis, je chuchote à son oreille :

— Sérieusement, celle que j'imagine bien dans cette position-là, c'est la brunette coupe au carré à la Cléopâtre... Cécilia, je crois qu'elle s'appelle…

— Ouah ! Je vois que tu t'y connais bien ! En plein dans le mille si j'ose dire ! En même temps, pas difficile de deviner. C'est la seule qui laisse toujours ouverts les quatre premiers boutons du haut pour une vue plongeante sur la vallée…

Je complète moi-même :

— …Et qui se penche toujours suffisamment pour que l'on ne manque rien du spectacle.

En un rien de temps, la pression est retombée. Cette petite discussion m'a fait du bien et me donne également l'occasion de me souvenir que le sexe peut être un plaisant exutoire, ce que j'ai fini par oublier avec Illario pour lequel sexe rimait toujours avec contrainte. Ce face à face avec Lucie me permet aussi de l'observer de plus près. Je me rends compte que c'est une très jolie femme, séduisante, et pas si folle que ça apparemment. Je n'avais pas remarqué ses yeux verts magnifiés par ses cheveux roux flamboyants et sa peau laiteuse. Dans son cou, quelques taches de rousseur sensuelles. De très jolies mains aussi, aux doigts fins et du vernis noir sur les ongles qui lui va bien. Tout en contraste ! Sans parler de son air gothique qui lui confère un charme particulier.

Il me faudra être plus prudente avant de juger les gens à l'avenir… Lucie m'a l'air d'être une gentille fille malgré ses zones d'ombre. Finalement, plutôt saine d'esprit aussi.

Quand elle retrouve son sérieux, elle tient à me préciser :

— Si je te raconte tout ça, c'est que j'ai bon espoir de sortir bientôt, surtout avec tout ce que je sais. Mais toi, ça pourra peut-être toujours te servir de connaître leurs petits secrets… Vaut mieux être armé dans ce genre d'endroit…

*Pour accéder à la fiche documentation sur les **Lanceurs d'alerte**,*
scannez ce code avec votre téléphone ou tablette équipé(e) d'une application :

CHAPITRE 13

LASTOURS

Les pièces du puzzle s'assemblaient avec violence et fulgurance pour Emma.

Amour, manipulation, domination, emprise. Rapports de force.

Cette prise de conscience douloureuse réduisait à néant ses fragiles certitudes et sa nausée persistante à mesure qu'elle ouvrait les yeux sur sa soumission bête et aveugle.

Quand le malaise était trop fort, le doute affluait sans qu'elle ne puisse le contrôler.

Comment accepter l'échec d'un mariage autour duquel une existence entière s'était fondée ?

Comment admettre n'avoir été qu'un jouet entre les mains de celui qu'elle avait pris pour l'homme de sa vie ?

Comment ne pas douter de ses facultés cognitives après une telle effraction mentale ?

Y voyait-elle clair ou était-elle tout simplement tourmentée ? Folle ? N'était-elle pas responsable de la décrépitude de son mariage, des contrariétés de son époux, de la tension apathique qui couvait davantage jour après jour dans son foyer ? Ou alors Illario était-il bel et bien un manipulateur brutal doublé d'un égoïste chevronné ?

Emma était au bord de l'implosion lorsqu'Alexandre lui envoya par mail plusieurs romans et films comme il le faisait souvent. Cette fois, les choix n'étaient pas anodins. Il avait l'intuition que le moment était venu. Emma était prête à sortir du labyrinthe, Alexandre en était convaincu et il lui fournissait le fil pour dérouler l'écheveau de sa vie. À elle d'effectuer sa propre maïeutique. Ces œuvres en constituaient la matière.

Les Apparences de Gillian Flynn, *Match Point* de Woody Allen, *Trance* de Danny Boyle, *Shutter Island* de Martin Scorsese, *Inception* de Christopher Nolan…

Perversité, faux-semblants, jeu de domination, lavage de cerveau.

Illusions et réalité…

Des œuvres sur le pouvoir de l'esprit, la sujétion psychologique.

Cette spirale de l'emprise et de la manipulation enflamma l'esprit d'Emma quand elle en prit connaissance. Elle tissait des liens encore refoulés et innommables avec sa propre histoire. Des œuvres qui la hantèrent plusieurs jours durant.

La graine était plantée dans son esprit torturé et elle germait.

Poison ou remède ?

La distorsion entre la réalité et l'image mentale qu'Emma s'était construite pour tenter de s'en protéger la maintenait dans un état de méfiance perpétuel. Un bouclier de verre, fragile mais opaque. La vérité, à ses yeux, était encore trop suspecte, *pharmakon* équivoque et inquiétant.

Elle était dans un tel bouillonnement intérieur qu'il lui fallait se confier. Il fallait qu'elle écrive à Alexandre. Lui exprimer son mal-être. Ses interrogations croissantes. Lui qui savait l'écouter, sans la juger.

Il ne faisait jamais de commentaires, mais le simple fait de lui écrire la libérait.

Installée devant son ordinateur, elle venait tout juste de cliquer sur l'enveloppe pour expédier son message, tournant le dos à la porte. Elle ne l'entendit pas entrer.

Le son de sa voix la fit sursauter :

— À qui tu écris ?

Emma resta comme tétanisée, les doigts sur son clavier. La tension était palpable.

La question était anodine en apparence. Cependant, Illario perçut immédiatement que l'attitude de son épouse était inhabituelle.

Instinct animal du prédateur…

Le regard de sa proie trahissait son trouble. Les émotions d'Emma étaient si transparentes à ses yeux.

Elle croyait peut-être pouvoir lui cacher des choses ?

Elle oubliait alors qu'elle lui appartenait.

Qu'elle n'était que sa chose.

S'il avait toujours joué au caméléon avec elle, Emma en revanche était incapable de mentir sans qu'il ne le lise sur son visage.

Devant son trouble et son silence, il exigea à nouveau, plus fermement cette fois, de savoir avec qui elle échangeait.

Elle parlera ! Il en était convaincu. Jamais de secret entre eux.

Emma se mit à bafouiller, à la fois confuse de devoir se justifier et agacée par son ton inquisiteur. Trop de sentiments antagonistes affluaient à nouveau simultanément et brouillaient sa conscience.

…Regard fuyant de la bête apeurée ne sachant pourquoi elle est traquée, sans cesser pour autant de culpabiliser…

…Présence oppressante du tortionnaire dont le regard fixe exprime la sentence à venir…

Elle écrivait à Alexandre, son collègue prof de philo…

La phrase sortie de sa bouche, aussi improbable que provocatrice, la fit elle-même trembler.

C'était un terrible affront.

Était-ce vraiment Emma qui venait de faire cette confondante révélation ? Il lui semblait assister à cette confrontation en étrangère, planant au-dessus de la scène…

107

Elle n'avait même pas cherché à nier. Elle assumait. Pour la première fois.

Était-ce vraiment possible ?

La suite était fort prévisible. Elle paierait…

Le regard sombre d'Illario ne masquait pas sa rage.

La salope ne s'en tirerait pas aussi facilement !

Il exigea de tout lire, bien sûr.

La colère se souleva en elle et une force nouvelle et inattendue la porta. Au lieu de refouler sa révolte, elle choisit de s'affirmer et d'assumer. Pour la première fois en neuf ans, elle refusa de lui obéir, surprise elle-même par son audace. En guise de réponse, elle effaça sous son nez tout le contenu de leurs échanges. C'était son premier signe de rébellion.

Un geste d'émancipation qu'Illario reçut comme un coup de poignard dans un duel qui l'excitait déjà.

Il tourna les talons et quitta le bureau.

La guerre était ouverte.

*
* *

L'oppression insidieuse qu'Emma subissait depuis longtemps remonta à sa conscience juste après le départ d'Illario. Par bribes.

Puis tout afflua en elle…

L'emprise d'Illario…

Ses sacrifices pour l'épanouissement de son mari.

Sa soumission ridicule. Inconcevable…

Les faits qu'elle taisait au quotidien afin d'éviter des reproches cinglants.

Des détails de sa vie ordinaire perçaient, comme les pièces éparses d'un puzzle.

Des détails en apparence anodins, pris séparément, mais des

marques d'une pression perfide et d'autant plus destructeurs qu'ils étaient quotidiens.

Était-ce normal de devoir dissimuler qu'elle avait acheté du mascara parce qu'il fallait faire attention à la moindre dépense… ?

Normal d'inventer des prétextes pour cinq minutes de retard parce qu'elle avait discuté avec une collègue après les cours… ?

Normal de cacher qu'elle avait sorti les animaux pour leur promenade un quart d'heure après l'horaire imposé, ce qui irritait Illario au plus haut point ?

Emma devait encore faire attention au moindre centime pendant que lui s'achetait des bijoux de marque ou des écrans plasma. Les objets de luxe comblaient les failles narcissiques de son époux, lui donnant l'impression d'être, car seule l'envie dans les yeux d'autrui conférait une valeur aux biens qu'il possédait. Il était ce qu'il achetait et faisait les choses en grand, toujours au-dessus de ses moyens. Cette vision de la vie purement matérialiste était en totale opposition à la sienne… Maintenant, seulement, elle osait aussi penser aux manipulations financières et aux humiliations sexuelles.

La vérité était impossible à admettre… Et pourtant… elle avait bien tout accepté durant ces neuf années ! Elle n'était pas seulement victime, elle était aussi complice !

Elle se dégoûtait.

Ce jour-là, subitement, sa conscience s'éveilla et le masque tomba. Elle recouvrait la vue et cette lumière qui jaillit était d'une violence prodigieuse.

Elle le vomit. Elle se détesta aussi et comprit qu'elle ne pourrait plus aimer l'être qui s'était accaparé son esprit et son âme et l'avait vidée pendant toutes ces années.

Il fallait encore trouver l'énergie pour lui annoncer que c'était fini. Ce courage qui lui avait fait tellement défaut jusque-là.

Le loup tournait en rond désormais.

Emma ne l'avait jamais vu perdre le contrôle et surtout le lui montrer.

Elle savait qu'il lui faudrait payer. Elle restait néanmoins déterminée.

Il s'échinait à faire plier sa proie à nouveau, à se réapproprier son âme.

Il voulait des excuses.

Il voulait des promesses.

…Des serments renouvelés.

Emma ne céda pas.

Après plusieurs nuits à dormir séparément et voyant qu'il n'arriverait pas à soumettre Emma, Illario changea de registre, lui expliquant à quel point le mariage était important pour lui. Il la flattait. Reconnut ses erreurs.

Emma s'interrogea à nouveau.

Peut-être s'était-elle trompée ?

Les sentiments d'Illario pouvaient-ils être sincères ?

Il ne savait peut-être pas bien les exprimer…

Son souffle pernicieux sembla s'engouffrer à nouveau en elle.

Pourtant, alors qu'il lui renouvelait sa flamme, il ne cessait de tenter de rétablir sa domination, lui demandant même avec son humour cynique habituel de le considérer comme son « maître » puisqu'elle lui appartenait et était sa « chose », guettant nerveusement sa réaction.

Emma frémissait. Elle luttait, terrorisée par un huis clos dont elle ne parvenait à s'extirper.

Au lycée, si personne ne lui en faisait la remarque, tous s'étonnaient de la maigreur livide d'Emma. Des regards d'inquiétude se posaient sur elle dans les couloirs qu'elle traversait tête baissée. Impression également partagée par ses élèves qui ne comprenaient quelle était l'origine de l'état d'absence de leur enseignante d'habitude si enthousiaste. Chacun s'interrogeait sans pour autant s'en soucier assez pour lui proposer de l'aide. Ici, comme dans nombre d'établissements ou d'entreprises, on ne mélangeait pas la vie professionnelle et la vie privée même si au quotidien, lorsque tout allait bien, Emma subissait généralement leur politesse obséquieuse et leur affabilité outrancière.

Chaque soir, le retour au domicile conjugal était une torture. Elle se demandait jusqu'où Illario irait pour se venger.

Il fallait qu'elle parte, mais les mots ne parvenaient pas à sortir de sa bouche.

Il avait deviné ses intentions. Elle le savait et elle pressentait qu'il était capable de tout pour l'en empêcher.

Ce soir-là, un lourd silence l'accueillit à son retour jusqu'à ce qu'Illario déboule dans la cuisine où Emma préparait le repas comme à l'accoutumée.

Contrairement à ses habitudes, Illario ne s'était pas rasé depuis des jours et de larges cernes venaient encore alourdir son regard.

Dès ses premiers mots, sa voix qui dérailla fit frémir Emma.

Il perdait la maîtrise. Ce n'était pas « normal »…

Illario se mit à lui dresser le portrait d'Alexandre, son parcours, ses aspirations, sa famille, le lui présentant comme un marginal, asocial qui ne cherchait qu'à détruire leur couple et coucher avec elle.

Il faisait les cent pas dans la cuisine.

Emma ne l'avait jamais vu perdre réellement son sang-froid et l'attitude agitée de son mari la mit en panique.

Il se fit menaçant, assurant qu'il avait le contrôle de sa vie et le pouvoir sur les événements et ses choix. Son sang se glaça lorsqu'elle comprit qu'il avait pénétré dans sa messagerie et lu les quelques mails d'Alexandre qu'elle avait omis d'effacer.

Une intrusion aussi brutale qu'un viol.

Illario sentait qu'Emma lui échappait et ça lui était insupportable. Il l'asservissait autrement.

Et ce n'était pas fini.

Quelques jours après, elle reçut un étrange message d'Alexandre lui demandant ce que signifiait le mail qu'il venait de recevoir de sa part.

Elle n'en avait pas envoyé.

Elle ne parvenait pas à accepter la réponse pourtant évidente : Illario n'avait pas hésité à le faire pour elle, créant une fausse boîte en son nom pour entrer en contact avec Alexandre en se faisant passer pour sa femme.

Elle se sentait traquée comme du gibier.

Anéantie.

Et sous les ruines… le vide absolu.

Elle savait qu'elle serait désormais privée du moindre espace de liberté.

Ne pas pouvoir aller où elle voulait, mener une existence en vase clos, elle s'y était résignée, mais être déchue de sa liberté d'écrire et de communiquer, elle ne l'envisageait pas.

C'était là une atteinte à son identité.

C'était de son oxygène qu'il la privait.

Il avait touché à son jardin secret. Son seul moyen d'évasion.

Elle ne le tolérerait pas à moins de dépérir totalement.

En même temps, elle pensait à Louise, à son mariage, à ce qu'ils avaient construit, à ce qui allait se passer si elle le quittait.

Elle pressentait qu'elle perdrait tout.

Il l'avait déjà menacée : si elle l'abandonnait un jour, soit il lui laisserait sa fille pour l'empêcher de refaire sa vie, soit il demanderait sa garde pour la détruire. Et elle devinait que sa soif de destruction était plus forte que tout.

Mais rester, était-ce vraiment la meilleure solution pour Louise ?

Quelles valeurs lui avait transmises son père jusqu'alors ?

Quelle manifestation de son amour pouvait-elle reconnaître ?

Quelle ouverture d'esprit pour elle dans cette existence en milieu fermé ?

Emma était pétrifiée.

Incapable de partir pourtant, même si le quitter était devenu une question de survie pour elle.

Après plusieurs jours de mise à l'épreuve, Illario la soumit froidement au test ultime.

Un éloignement pourrait être une solution. Pourquoi ne prendrait-elle pas un appartement pour réfléchir à la situation avec un peu de recul ?

Elle comprit que la page était définitivement tournée quand elle ressentit du soulagement et une libération en entendant sa proposition. Une proposition qu'elle n'aurait jamais osé espérer.

…Mais sa réaction ne correspondait vraisemblablement pas aux attentes d'Illario.

Son offre était loin d'être gratuite et désintéressée. Ce n'était qu'un pur calcul, comme elle eut tôt fait de s'en rendre compte.

Cela était égal à Emma. Elle revivait.

Les événements s'enchaînèrent en quelques jours. Il trouva lui-même une solution d'hébergement temporaire, lui dégottant un petit studio à quelques kilomètres de la maison familiale et le week-end suivant, Illario réalisa le déménagement avec l'un de ses amis et signa lui-même le bail de location.

Ils s'étaient aussi entendus sur une garde alternée concernant Louise.

Elle le trouvait particulièrement calme et compréhensif. Cela s'était fait si facilement.

Trop facilement.

Aussi Emma ne fut guère étonnée de découvrir quelques jours plus tard qu'il avait vidé ses comptes en banque de plusieurs milliers d'euros. Ce qu'il appelait « l'argent des cochons ». Qui était en fait l'argent de leurs économies. Celui de neuf années de vie commune.

Peu importait à Emma.

Sa liberté n'avait pas de prix.

…Elle ne savait pas encore, en revanche, qu'il avait déjà signalé à la gendarmerie son abandon de domicile.

S'il l'accompagnait dans ce nouveau départ, c'est que ne pouvant plus maintenir son emprise, il avait désormais un tout autre projet : la détruire.

CHAPITRE 14

SAINT JOHN'S

Arrivée devant la double porte de la salle commune, je cherche Lucie des yeux, comme d'habitude.

Elle est là, à la même table, mais pas toute seule. À ses côtés se tient le jeune homme que le docteur Morlov m'a présenté comme un djihadiste de retour de Syrie. Un duo singulier dans un lieu qui ne l'est pas moins... Ils semblent tous les deux absorbés par leur conversation.

Je parcours la salle du regard. Une dizaine de malades sont déjà là. Certains assis, entre obstination et résignation, végétant à moitié endormis. Deux autres agités déambulent autour des tables...

Hormis Lucie et moi, et peut-être le jeune djihadiste, les autres patients me paraissent sérieusement atteints. L'un d'eux est en train de chanter, tout bas, mais fébrilement. Un son grêle, étrange, filtre entre ses lèvres pourtant fermées. Près de lui, un tout jeune homme a les yeux tellement écarquillés qu'il me semble qu'ils vont sortir de leurs orbites. Au fond, une vieille femme ne cesse de labourer de ses ongles son visage enflé et rougi... C'est un panel bien peu digeste de ce que la Terre contient de désaxés mis au rebut de la société.

Des miséreux oubliés de tous.

Le mobilier a beau avoir été remis en état, les peintures refaites, le vernis ne tient pas longtemps dans ce genre d'endroit.

Lucie me fait un signe. J'hésite d'abord. De peur de les déranger. Je finis par me décider et me dirige vers eux.

Ils interrompent leur conversation en me voyant approcher.

— Je peux m'asseoir avec vous ?

Le jeune djihadiste, visage baissé, me regarde d'un œil méfiant derrière son rideau de cheveux noirs. Lucie, quant à elle, acquiesce immédiatement et me lance un sourire de connivence.

— Je suis en train d'expliquer à Fabien qu'il s'est gravement trompé de camp. Même si on est d'accord sur les motifs de son insoumission…

Je les regarde, perplexe, sans trop savoir à quoi elle fait encore une fois allusion. Je m'assieds près d'elle, consciente que je vais encore avoir droit à ses théories nébuleuses.

— Fabien, ajoute Lucie, pour me présenter son compagnon de tablée. Il a été interné par mesure de rétorsion politique, comme moi.

Je hoche la tête. Fabien ne lève même pas la sienne, toujours caché derrière sa barricade capillaire.

— Notre société veule et cynique l'a aussi fait disjoncter.

Elle marmonne plus pour elle-même que pour nous : « …Pseudo-société constituée d'atomes individualistes, narcissiques, mus exclusivement par la jouissance matérielle… »

Fabien se décide à prendre la parole. J'aperçois soudain ses yeux bleus-gris qui s'animent en même temps qu'il s'exprime :

— On est tous bombardés par la pub, le fric, le porno, le pouvoir, sans nous en rendre compte.

…dans une société de zombis conditionnés et lobotomisés.

…plus aucune valeur… L'absence de valeur est la seule loi imposée par un libéralisme cynique et pervers.

…quel espoir dans tout ça ?...

…tout n'est qu'indifférence et néant…

…vide et chaos…

116

J'ai l'impression de l'entendre *slamer*. C'est beau. Incongru aussi… Mais d'où sort-il ce jeune-là ? Encore un révolutionnaire. Je vais à nouveau avoir droit à leur délire subversif…

Fabien s'interrompt quand une auxiliaire de vie approche avec son chariot. Vêtue d'une blouse vieux rose délavé, elle dépose les trois plateaux-repas de bouffe industrielle sur notre table. Elle se meut tel un automate, se contentant d'un mécanique « bonsoir » avant de rebrousser chemin en direction d'une autre tablée. Lucie enchaîne immédiatement, avec la frénésie que je lui connais.

— Et au cœur du système, les requins de la finance et de la politique formatent les consciences léthargiques. Gangrenées par la rentabilité… Aussi pernicieuse qu'un virus. Une ère du vide où fleurissent des Narcisses. Toute une génération d'égoïstes promus à des postes clés pour diriger le monde et contrôler des citoyens aveugles et sourds, bien trop préoccupés à conserver leur petit confort bourgeois qui se réduit à une peau de chagrin sans qu'ils en aient vraiment conscience. Il suffit de leur laisser un *Smartphone* entre les mains et une TV LCD dans le salon pour qu'ils ferment les yeux sur la nouvelle dictature mondiale qui se met en place. *Panem et Circenses*[3]… Rien n'a vraiment changé depuis la Rome antique !

Je les regarde tour à tour, tentant d'analyser la situation.

Fous ou pas fous ?

À qui faire confiance ?...

Ils vont quand même pas m'enlever tous mes repères, les complotistes… !

Pourtant, ils ont à nouveau réussi à semer le doute. À me troubler.

Je préférais nettement la discussion de la nuit précédente, bien plus légère…

Lucie, secourable, le sent et me rassure.

— Je sais que c'est déstabilisant au départ. Ouvrir les yeux sur l'imposture est douloureux et perturbant. Mais rester dans l'ignorance quand on a vu la lumière est criminel. Tu ne dois pas avoir peur, Emma.

Je crois entendre Alexandre. Ce qu'ils racontent, théorie du complot, nouvel ordre mondial, ère du vide, manipulateurs pervers évoluant au sommet de la pyramide, il m'en a longuement parlé depuis que j'ai découvert que j'avais vécu neuf années avec un pervers narcissique et que je n'ai trouvé de soutien nulle part quand j'ai cherché à m'en libérer. Je suis bien consciente de tout cela pour l'avoir vécu de près. Si j'ai accepté la cruelle mascarade qui a gouverné ma vie personnelle, j'ai toujours considéré mon cas comme particulier.

Pourtant, je sais que les pervers narcissiques existent.

Et se multiplient.

Beaucoup occupent des postes important. Qui flattent leur ego.

Cela me donne le tournis.

À quoi me raccrocher si tout vole en éclat ?

Pourtant, je sais au fond de moi que je me suis menti bien trop longtemps, je ne vais pas continuer aujourd'hui encore à me voiler la face. Qu'ai-je à perdre après tout ? Que m'importe d'être au cœur d'une nouvelle cabale ? Je ne suis plus à cela près. La vérité, aussi cruelle soit-elle, n'est-elle pas préférable au confort quotidien s'il fait de nous des esclaves atteints de cécité ? Ce n'est finalement qu'un nouveau pari pascalien... Je ne crois pas non plus au hasard. Si ces deux êtres sont là aujourd'hui à me parler à nouveau du mal du siècle, c'est peut-être qu'ils ont un rôle à jouer dans ma vie. C'est ce qui me pousse à leur répondre. Je ne sais où je trouve la force et pourquoi maintenant plutôt qu'à un autre moment, mais je me sens prête à me livrer à eux, espérant seulement ne pas le regretter ensuite.

— Je connais tout ça. J'ai vécu neuf ans avec un pervers narcissique. Il m'a enlevé ma fille de huit ans. J'ai cru que la justice me la rendrait, mais c'est lui qui est passé pour la victime et moi l'agresseur. Après la perversion en famille, j'ai dû faire face à la perversion des tribunaux, la perversion dans le lycée où je bosse... La perversion de l'Administration, je connais aussi... Des prédateurs d'un nouveau genre... Pas besoin d'aller bien loin pour les rencontrer. Il en pleut partout. Surtout quand on va mal et que l'on frappe aux portes. Elles ont tendance à se fermer encore plus facilement.

Fabien et Lucie me regardent fixement. Cette fois, c'est moi qui les ai déconcertés.

Faire face aux manipulations que j'ai subies, les reconnaître, les affronter, exprimer mon malaise devant des personnes qui me semblent les comprendre vient de me libérer d'un poids que je ne soupçonnais même pas.

Une thérapie.

Pour la première fois, depuis de longues semaines, je me trouve enfin dans un état de sérénité. Et je le dois à deux pensionnaires d'un asile. Ironie de la vie !

Lucie finit par répondre, non sans humour, traduisant oralement mes propres pensées.

— Depuis que je le dis qu'ils prolifèrent ces gros pervers ! Personne n'a jamais voulu me croire. Et il faut que j'atterrisse dans un asile pour timbrés pour pouvoir avoir une conversation sensée avec des humains en chair et en os !

Fabien décroche un sourire furtif. Lucie et moi nous regardons fixement. Transmission de pensées... Je sais intuitivement qu'elle deviendra une amie. Peut-être la seule véritable amie que je n'aie jamais eue.

Un silence, puis nous éclatons de rire tous les trois, prenant simultanément conscience de l'incongruité de la situation. Fabien repousse ses mèches de cheveux, découvrant entièrement son visage et Lucie rit en dévoilant ses jolies dents blanches. Elle est resplendissante.

Une tablée de fous riant. Cela aurait fait un tableau impressionniste des plus truculents…

*
* *

Je me suis endormie aussitôt après avoir posé la tête sur l'oreiller ce soir-là. Je me sentais pour une fois apaisée. Pourtant, mon sommeil s'est trouvé agité du même rêve récurrent, comme si je venais de plonger dans un monde parallèle où me voici redevenue la proie.

…La traque.

Invisible et sournoise.

Ces ombres qui me talonnent dans les moindres de mes déplacements.

L'angoisse sourde qui monte en moi.

Impossible d'avertir qui que ce soit de la situation, mon téléphone piraté envoie d'étranges signaux codés et je suis convaincue que mon implant contraceptif contient une micro-puce qui me délivre insidieusement une substance inconnue.

Ce cauchemar paraît tellement réel…

Je rase les murs.

Entends des voix.

Pense devenir folle.

Je crie, mais je suis seule. Désespérément seule.

Je me barricade chez moi jusqu'au petit matin quand les policiers viennent m'arrêter…

Big Brother is watching me !

Fin du rêve…

J'ouvre les yeux et la réalité vient se substituer à mon cauchemar. Je suis en sueur et mes membres sont encore tétanisés sous l'effet des ondes électriques.

120

Je respire, prends conscience du lieu où je me trouve.

Quel soulagement d'être dans un asile…

*
* *

Le lendemain matin, comme tous les matins, une infirmière – une nouvelle depuis que j'ai demandé à ne plus avoir la sadique – me réveille pour m'apporter les médicaments que je dois prendre.

Petit cocktail de psychotropes, un anxiolytique couplé à un hypnotique, le duo Xanax-Stilnox.

Je les glisse sous mon matelas et les jetterai comme d'habitude aux toilettes tout à l'heure lors de ma tournée aux sanitaires.

Je n'ai pas besoin de ces drogues.

Pour le moment, j'attends impatiemment mon rendez-vous avec le docteur Morlov.

Je ne sais combien de temps s'est écoulé avant sa venue, mais il a fini par venir me trouver.

Il me conduit cette fois dans son bureau. Je le suis docilement et découvre les lieux avec curiosité. Sentiment pénible quand il ouvre la porte et que je pénètre dans la pièce : je me sens immédiatement aspirée par un *cri* qui déchire le mur grisâtre qui me fait face. C'est celui de Munch, dans un cadre orangé qui attire l'œil. Je ressens comme un léger vertige. Je tente de ne rien laisser paraître et mon regard accroche l'horloge design qui surplombe le tableau. Guère plus rassurant… Sur le cadran, un homme vêtu d'un costume noir se retient désespérément à la grande aiguille. En y regardant de plus près, ce n'est pas là la véritable originalité de l'objet. Ce qui m'interpelle, c'est que toutes les aiguilles trottent à l'envers, à rebours d'un classement antéchronologique des chiffres sur le cadran. Angoissant ! Je reconnais bien là l'imaginaire des psychiatres…

Les autres murs sont eux tapissés de livres anciens à la tranche jaunie ou garnis de cuir et une odeur de vieux papier flotte d'ailleurs dans la pièce où semblent se mêler tous les antagonismes, tous les anachronismes. J'observe plus attentivement et aperçois toute une bibliothèque d'ouvrages sur le cerveau et la mémoire. Le docteur Morlov connaît bien le sujet. Il m'a longuement parlé la dernière fois du psychisme humain et de ses sinuosités, de sa passion pour les esprits torturés, chacun constituant pour lui une énigme à résoudre.

Sur son bureau, je repère des objets de formes curieuses, en métal. Probablement l'œuvre d'un artiste contemporain.

Son bureau est bien étrange et nettement moins convivial que le café des visiteurs.

Morlov m'invite à m'installer dans un fauteuil en forme d'œuf aux contours voluptueux et épurés, d'un rouge qui l'est beaucoup moins. Il débute sans attendre son entretien par une série de questions.

Comment je vais ? Est-ce que je prends bien mon traitement... N'ai-je plus d'idées noires... Puis-je relater à nouveau mes années de mariage... ?

Je réitère les grandes lignes de mon histoire, sans attendre de commentaire de sa part, mais Morlov me demande de retracer aussi les bons moments de ma vie conjugale : tout ne devait pas être si noir, comme je venais de lui décrire...

Il se montre étonnamment froid aujourd'hui. « Professionnel », rectifie ma conscience.

Morlov m'encourage à ne pas être si « pessimiste », à « accepter », à « pardonner » :

— C'est le chemin de la résilience et il passe aussi et surtout par une remise en cause.

Je suis surpris par son ton professoral. Il s'exprime en médecin qui aime s'écouter parler. En revanche, aucune allusion de sa part aux activités avec l'ergothérapeute qui ont tourné l'autre jour au pugilat.

L'entretien est si éprouvant que je suis contente de terminer quand

Morlov m'annonce froidement :

— On restera là pour aujourd'hui.

Avant de quitter son bureau, tentant de briser la glace, je lui souhaite néanmoins un mariage bien plus heureux que le mien.

— Vous avez cru pouvoir faire ami-ami avec moi, n'est-ce pas ? Il serait plus judicieux pour votre guérison que l'on s'en tienne à des relations purement professionnelles.

Son austérité me fige. Je m'en veux de m'être montrée indiscrète et de nourrir des sentiments amicaux inadaptés à la situation.

Je retourne dans ma chambre avec une impression d'embarras, décontenancée par cet entretien qui m'a à nouveau révélé mes faiblesses alors que je me sentais plus forte.

Encore un long travail à faire sur moi-même, il n'y a pas de doute.

Je n'ai plus la force de ruminer le passé.

Plus la force de m'interroger.

Il me semblait que mon état s'améliorait alors qu'au fond de moi le malaise de ma vie est toujours bien présent.

Je n'ose affronter mes doutes et ne sais quelles sont mes attentes.

…Je me connais si mal en général, et en ce moment tout particulièrement.

Je passe du rire aux larmes.

De l'euphorie à l'abattement.

Il va me falloir sonder mon être dans ses profondeurs les plus secrètes et je ne sais si j'aurai la force de découvrir mes failles inavouées. De faire face à mes démons.

À cet instant, je me sens encore si fragile.

Un voile de brume enveloppe mon cerveau.

Une petite voix ne cesse de m'interpeller :

Emma, es-tu sûre d'être sincère avec toi-même ?...

[3] « Du pain et des jeux du cirque ». Expression latine utilisée dans la Rome antique pour dénoncer l'usage délibéré fait par les empereurs romains de distributions de pain et d'organisation de jeux dans le but de flatter le peuple afin de s'attirer la bienveillance de l'opinion populaire.

CHAPITRE 15

LASTOURS

Avant son départ, Illario lui avait fait promettre une seule chose. Une seule chose, mais elle avait dû jurer. Jurer qu'elle se ferait épauler par un psy. Un psy qui pourrait l'aider à y voir plus clair dans son passé. Parce qu'indéniablement, disait-il, elle n'allait pas bien. Emma avait promis pour avoir la paix, n'imaginant pas qu'il cherchait à se procurer un argument pour lui nuire ultérieurement.

Pourtant, elle se sentait mieux depuis qu'elle était partie. Si sereine. Et surtout libre.

Elle n'avait que trente mètres carrés pour vivre, mais tant d'espace pour respirer ! Avoir franchi le seuil de cet appartement lui avait redonné une énergie qu'elle croyait à tout jamais éteinte.

« J'ai plus de souvenirs que si j'avais mille ans. » Le poème de Baudelaire qu'elle avait souvent étudié avec ses élèves prenait ce jour-là tout son sens. En revanche, après le spleen, elle était bien décidée à viser l'idéal.

Elle se sentait libérée pour elle-même ainsi que pour Louise qui, elle le savait, avait été une victime collatérale de son simulacre de mariage. Contrairement à ce qu'Emma redoutait, sa fille semblait d'ailleurs ravie de la voir emménager dans un appartement, certainement soulagée des tensions régulières.

— Comme ça, ça me fait deux maisons !

Emma n'en revenait pas de la faculté d'adaptation de sa fille de huit ans. Pour sa part, elle continuait à l'emmener à l'école tous les matins puisque depuis la rentrée elle était scolarisée aux *Mésanges* à Carcassonne, dans le même groupe scolaire qu'elle. Là-bas, ses collègues et ses élèves paraissaient eux aussi soulagés de ne plus avoir à côtoyer un fantôme. Emma semblait avoir revêtu une apparence humaine.

Lorsqu'elles rentraient à Lastours, Louise passait tantôt la soirée à l'appartement avec elle, tantôt avec son père.

Financièrement, c'était difficile. Le premier mois, Emma, libérée mais marquée par l'empreinte de dix années de servitude, laissa naïvement Illario jouir de son salaire d'enseignante. Sa prise de conscience était loin d'être achevée. L'euphorie de la liberté venait camoufler l'emprise toujours bien réelle. À quoi venait s'ajouter la culpabilité.

« Tu m'abandonnes… »

« Tu n'es qu'une égoïste… »

« Tu aurais dû réfléchir avant de t'engager avec moi et de m'épouser…, pour maintenant m'abandonner… »

Comme c'était de coutume avant son départ, lorsque le salaire d'Emma fut viré sur le compte commun, Illario le versa sur son livret personnel, ne lui laissant à disposition que de quoi payer son maigre loyer, ses quelques factures et de quoi se nourrir. Il gérait le reste comme il l'entendait. Cela lui convenait dans la mesure où elle pouvait se retrouver, se reconstruire et éduquer Louise sereinement.

Plusieurs semaines s'étaient ainsi écoulées, calmes et reposantes.

Puis le 14 février arriva.

À son réveil, Louise, un peu gênée, vint la trouver au saut du lit. Dans sa main, un petit paquet enrubanné.

— C'est un cadeau de papa, pour la fête des amoureux, lui dit-elle timidement.

Emma était interloquée. Illario ne lui avait jamais offert un seul cadeau pour la Saint-Valentin auparavant, lui qui ne cessait de critiquer cette fête bien trop commerciale à ses yeux. Elle interrogea sa fille sèchement :

— Quand t'a-t-il donné cela ?!

Emma s'en voulut immédiatement d'avoir posé la question sur un ton cassant. Louise n'y était pour rien. Mais comme souvent lorsqu'elle se résignait à parler d'Illario ou à Illario, elle ne pouvait retenir une colère trop longtemps contenue.

— Hier soir, quand tu es venue me chercher à la maison, il l'a mis dans ma poche pour toi.

Louise s'exprimait à voix basse, visiblement mal à l'aise de s'immiscer dans les histoires de grands. Emma ne répondit pas, bien décidée à rendre son cadeau à Illario. Elle était furieuse qu'il ait impliqué Louise. Utiliser leur fille afin de lui tendre un piège, sachant parfaitement qu'elle n'accepterait pas son cadeau, c'était d'une bassesse ! C'était pervers, comme toujours. Il ne changerait jamais ! Il avait vidé ses comptes, s'était rendu à la gendarmerie pour signaler un abandon de domicile, lui avait-on confié, mais il lui offrait un bijou pour la Saint-Valentin ! Comme à l'accoutumée, il cachait le poison sous une couche de miel.

Emma et Louise finirent de se préparer dans leur petit appartement, sous une chape de plomb. L'enfant observait sa mère d'un œil interrogatif. Emma terminait nerveusement de s'habiller, son regard perdu dans le vide. Le cadeau de la Saint-Valentin avait visiblement jeté un froid entre la mère et la fille. Elles quittèrent l'appartement sans autre parole. Emma sentait bien que quelque chose de tragique était en train de se jouer.

*
* *

127

Quelques jours plus tard, Illario se rendit à la bijouterie avec Louise pour échanger le cadeau. C'était la première fois que l'enfant faisait « les magasins » seule avec son père. Elle était si fière de franchir la bijouterie au bras de son papa qui lui tenait même la main pour l'occasion, chose qu'il ne faisait que très rarement. Lorsqu'elle pénétra dans la boutique, elle fut émerveillée par tous ces bijoux qui brillaient dans les vitrines. Des dorures, des perles, des pierres de toutes formes et aux mille éclats. Elle ne cessait d'interpeller son papa.

— Regarde cette bague comme elle brille ! Et ce collier comme il est beau !

La vendeuse, une femme élégante, la petite quarantaine, sexy dans son tailleur noir près du corps et le sourire commercial, se laissa attendrir par la situation.

Un papa attentionné. Et un bel homme de surcroît !

Comme toujours, Illario charmait sans effort. Il lui décocha un sourire sans équivoque que Louise ne remarqua pas. Après que la petite fille a pris le temps de découvrir toutes les merveilles de la boutique, il lui acheta une broche dorée représentant un ange.

Louise restait accrochée aux yeux de son père et se jeta dans ses bras, le serrant aussi fort que ses petits bras le lui permirent. Alors que la vendeuse était tournée vers la vitrine pour décrocher la broche, Illario se pencha au-dessus de sa fille et lui glissa discrètement à l'oreille :

— Maman nous a abandonnés et a brisé mon cœur. Maintenant, c'est toi mon ange.

La bijoutière venait de déposer le bijou dans son écrin.

— Je vous fais un papier-cadeau ?

Son ton était des plus suaves.

Illario répondit négativement. La vendeuse lui tendit la boîte à bijoux d'un geste sensuel. Il l'ouvrit aussitôt et accrocha la broche sur le gilet de Louise, déposant sur son front un tendre baiser. Les yeux de l'enfant brillaient de bonheur.

Elle aimait tellement son papa !

Ce fut sa première tentative pour instrumentaliser sa fille, devenue la nouvelle chérie de papa.

Son entreprise était en marche, loin d'être achevée.

*
* *

Quand Louise était chez son papa, Illario la traitait comme une petite princesse ou comme une adulte, lui attribuant la place laissée vide par Emma. Lui racontant les détails de la séparation et dénigrant cette *salope de mère qui les avait trahis*. Lui qui n'accordait auparavant à sa fille que de très rares câlins devenait un père modèle. Louise était ravie par tant d'attention.

Emma reçut tremblante les signes malsains qu'Illario faisait passer à travers leur enfant et qui semblaient dire : « Tu as voulu me quitter. Devine qui va payer maintenant ? »

Il laissait entrevoir jusqu'où il était capable d'aller.

Un jeu très excitant.

Taillé sur mesure.

Emma paniquait.

Elle avait néanmoins tenu sa promesse à Illario... C'était de toute manière devenu une nécessité : elle avait pris rendez-vous au Centre Médico-Psychologique le plus proche.

Emma, gênée, avait dû demander son chemin à une vieille dame pour trouver le CMP[4] dont les bâtiments flambant neufs venaient juste d'être inaugurés. Que penserait-on d'elle si on la voyait venir consulter ? Le regard des autres pesait toujours sur ses actes.

Elle arriva devant un établissement de plain-pied, accueillant et coloré, ce qui la rassura un peu. Pas un endroit sordide comme elle avait pu le voir dans certains films. Elle se présenta à l'accueil, patienta cinq minutes en salle d'attente, inquiète à l'idée de se livrer à une inconnue. Des magazines *people* et des prospectus de « SOS femmes battues » se disputaient la présence sur la table basse. Dès que la porte s'ouvrait ou se refermait dans le couloir juste derrière elle, Emma tressautait à l'idée que l'une de ses connaissances puisse faire irruption dans la salle d'attente.

Au bout de quelques minutes, une petite femme brune, cheveux noirs bouclés, sourire franc et robe élégante vint la chercher et se présenta comme madame Grandville, l'infirmière qui allait suivre son dossier. Sa voix calme et enjouée était rassurante. Emma se détendit un peu.

Après l'avoir suivie jusqu'à son bureau et s'être installée dans un fauteuil de cuir confortable, elle répondit aux questions de madame Grandville, déclinant son état civil. Puis, l'infirmière l'interrogea sur les motifs de sa visite, crayon en main.

L'émotion gagnait déjà Emma et le chagrin la submergea bientôt totalement. Une détresse immédiatement entendue par l'infirmière qui la guida par des questions progressives, cherchant à établir un climat de confiance. Elle posa son stylo et la regarda fixement. Les paroles qu'elle prononça la rassérénèrent : Emma pouvait dire tout ce qu'elle voulait, rien ne sortirait de ces murs. Elle savait ce que c'était que de quitter le père de son enfant. Elle savait que c'était difficile. Que ça faisait mal.

L'attitude compréhensive de l'infirmière détendit Emma.

Lorsqu'elle commença à s'exprimer, elle ne put plus s'arrêter. Des années de silence venaient de céder et un flot amer mais libérateur se déversa dans le petit bureau anonyme. Ses yeux étaient embués, son nez dégoulinait et Emma parlait, parlait.

Les vannes étaient ouvertes.

Madame Grandville avait retiré ses petites lunettes noires cerclées et gardait ses yeux plongés dans ceux d'Emma. Elle ne cillait pas, paraissait totalement absorbée. Son sourire s'était effacé. Son visage s'était assombri dans la concentration.

Emma, elle, n'osait la regarder en face. La honte et la culpabilité étaient toujours bien présentes. Elle préférait focaliser son attention sur les deux gros colliers de perles que l'infirmière portait autour du cou. Quand elle s'interrompit, madame Grandville garda ses yeux plantés dans les siens et c'est par elle que vint explicitement la révélation.

— Vous allez devoir être très courageuse madame Morelli. Votre mari est un pervers narcissique, un vampire affectif de la pire espèce. Vous n'êtes pas encore sortie de sa toile. Il faut vous protéger.

Elle la rassura aussi :

— Quant à vos doutes, vous pouvez les balayer. Vous allez bien. C'est lui qui est malade. Dangereusement malade.

Elle la mit également en garde concernant Louise.

— Il commence à lui témoigner les premières marques d'amour qui lui ont manqué durant sa vie d'enfant. Je préfère vous prévenir : elle va vous tourner le dos et choisir ce père qui lui a tant fait défaut. Ce sera d'autant plus facile qu'il se victimisera et vous fera passer vous pour la méchante à ses yeux puisque vous l'avez quitté. Les enfants sont naturellement réparateurs. De pénibles moments pour vous en perspective, mais vous devez tenir. Vous allez devoir vous montrer forte.

Emma resta perplexe devant autant d'aplomb et de certitude de sa part. Comment pouvait-elle se montrer aussi catégorique ? Elle lui fit part de ses doutes entre deux sanglots.

— C'est qu'ils obéissent malheureusement tous au même schéma : manipulation, victimisation, instrumentalisation des enfants. Ce ne sont pas des prédictions... Ces schémas psychologiques sont récurrents et incontournables chez le PN[5]. Vous n'y échapperez pas. Plusieurs dizaines de victimes de ces prédateurs se sont assises dans ce même fauteuil et leur histoire ressemble comme deux gouttes d'eau à la vôtre.

Emma sortit du centre dans un état second, oubliant de saluer la secrétaire, ce qui n'était pas dans ses habitudes.

Avait-elle eu raison de quitter Illario ? Qu'allait-il advenir désormais ?

Louise était tout pour elle. Et Emma se refusait à envisager une séparation.

Dehors, la tramontane soufflait comme souvent, traînant avec elle une sourde angoisse. Le regard hagard et la démarche mal assurée, Emma paraissait bien fluette dans sa longue robe noire en laine pelucheuse. Perdue sur le parking désert, elle chercha du regard son auto. Quelques mèches de ses cheveux châtains relevés sur la nuque étaient chahutées par le vent. Sous son crâne, une avalanche d'interrogations qui l'affolaient.

Après avoir repéré sa voiture, elle s'y engouffra rapidement avant de reprendre le chemin de la vallée de l'Orbiel, traversant mécaniquement les villages : Vic la Vernède, Lassac, Lacombe-du-Sault jusqu'à Lastours, couvrant du regard les paysages de garrigue à perte de vue.

Elle prit une grande inspiration en arrivant au pied de son appartement, sortant de sa voiture.

Elle trouverait l'énergie.

Il le fallait pour Louise.

---

[4] Centre Médico-Psychologique
[5] Pervers Narcissique

CHAPITRE 16

SAINT JOHN'S

Lorsque je les rejoins pour le dîner en salle commune ce soir-là, Lucie et Fabien sont encore en plein débat.

À l'apathie générale, leur conversion animée contraste. Cela m'arrache un sourire furtif alors que je m'assieds à côté de Fabien. Ils me saluent tous deux poliment puis poursuivent leur échange.

C'est le recensement qui reçoit cette fois-ci leur foudre. Fabien me jette de temps en temps des œillades. Cette attitude plus ouverte me réconforte un peu. Lucie a l'air davantage préoccupée. Elle est en train de rappeler à son jeune ami l'objectif premier du recensement depuis l'Ordonnance de Villers-Cotterêts. Son ton très didactique parvient à me décrocher un sourire. Elle parle avec les mains d'un air passionné. Je constate qu'elle aurait fait une bonne prof !

Je me détends et prends le parti de la légèreté. Je ne vais pas à nouveau paniquer devant les complots d'État... Je vais finir par m'y habituer ! Ces deux-là me distraient. Que ferais-je sans eux à Saint John's ?

Je m'encourage : prête à refaire le monde avec eux !

— Outre la nécessité d'enregistrer les foyers fiscaux pour prescrire les impôts, le but principal du recensement restait de comptabiliser la ressource humaine pour un conflit militaire éventuel, comme cela a pu être expérimenté en Algérie avec le SAS ou encore en Inde, des années après. C'est un scan de la population qui sert d'arme de contrôle et pourquoi pas de répression !...

Lucie ajoute aussitôt :

— Connaître, c'est pouvoir. Imagine un tel outil aux mains d'un gouvernement totalitaire !

Ses yeux brillent d'un éclat particulier, comme enflammés, tandis qu'elle continue sa démonstration, Fabien est suspendu à ses lèvres. Difficile de rester dans la légèreté avec Lucie... Je l'écoute attentivement moi aussi.

— De surcroît, le recensement ne manque pas de contradictions, voire d'aberrations. Pourquoi, selon toi, demander l'appartenance ethnique des administrés alors que l'État prétend lutter parallèlement contre toutes les formes de discriminations ? L'administration assure en outre que les questionnaires sont anonymes. Dans ce cas, pourquoi exiger le nom du sondé plutôt qu'utiliser un code spécifique quand l'on sait que nombre de mairies conservent un double des documents ? Qu'on cesse au moins de rassurer hypocritement les citoyens au sujet de leurs libertés individuelles et la protection de leurs données personnelles ! Le recensement ne fait que répondre encore une fois à une société industrialisée où les hommes sont réduits à un cheptel humain. Le recensement révèle par contre explicitement l'emprise étatique sur nos vies... Et en bons citoyens responsables et obéissants à l'ordre établi, nous nous exécutons docilement, tels des moutons de Panurge bien soumis...

Encore une fois, elle a raison. Je crois pourtant utile de lui faire une remarque, plus pour l'entendre argumenter que par véritable volonté de contradiction.

— Mais sans respect de l'ordre établi et de l'autorité, c'est l'anarchie, Lucie.

Lucie hoche la tête dans tous les sens, murmurant entre ses dents quelques paroles incompréhensibles. Ses mains viennent frapper la table et ses petites boucles rebondissent drôlement contre ses joues. Je regrette un peu de l'avoir gentiment provoquée.

Elle prend le temps de respirer, comme pour calmer un bouillonnement intérieur prêt à éructer... Elle me répond de sa voix nasillarde mais posée :

— Tu fais alors partie de ces subordonnés dociles qui vont jusqu'à exécuter les ordres d'une solution finale, aussi inhumaine soit-elle ?

Sa question me déstabilise. Là, j'ai tout de même l'impression qu'elle mélange tout, ce que je m'empresse de lui faire remarquer.

— Connais-tu l'expérience de Milgram ?

Je réponds négativement.

— En 1960, alors qu'Adolphe Eichmann jugé en Israël pour sa participation à l'extermination des Juifs d'Europe soutient qu'il n'a fait qu'« obéir aux ordres », le professeur Stanley Milgram de Harvard met au point une expérience de psychologie sociale... – Je vous conseille à ce propos de voir quand vous en aurez l'occasion le film *I comme Icare* d'Henri Verneuil, si ce n'est déjà fait... – Milgram veut tenter de prouver ce qu'a révélé le procès Eichmann : la soumission à l'autorité peut transformer un homme ordinaire en bourreau. Il recrute ainsi des personnes qui croient participer à une expérience scientifique. Il leur est demandé d'administrer des décharges électriques à des sujets attachés sur une chaise s'ils ne répondent pas correctement à des questions. D'abord étonnés, les bénévoles s'exécutent de leur tâche à l'aide de manettes sur lesquelles sont inscrits « choc léger », « choc moyen », « choc très intense », « danger : choc violent » et « XXX » pour des chocs aux conséquences inconnues. À chaque décharge, des gémissements, des suppliques et même des râles... jusqu'au silence à partir de 300 volts. Un chercheur austère surveille le bon déroulement de l'expérience et incite à la punition quand celle-ci se fait attendre, ordonnant tour à tour : « Continuez ! », « L'expérience exige que vous continuiez ! »,

« Vous n'avez pas d'autres choix, continuez ! »… Les résultats sont stupéfiants et ont fait frémir tous ceux qui en ont pris connaissance depuis. Parmi les quarante cobayes, tous ont infligé des décharges dangereuses allant jusqu'à 285 volts et 65 % d'entre eux ont continué jusqu'au dernier bouton à 450 volts, étiqueté « XXX », répondant à des ordres aussi arbitraires qu'inhumains… Ça laisse songeur, n'est-ce pas ?

Le silence qui s'est abattu en dit long sur notre perplexité. Au bout de quelques minutes, Lucie ajoute :

— Dans une démocratie, les citoyens sont tellement convaincus de leur droit et de leur liberté qu'ils en oublient leur esprit critique et leurs capacités réflexives. Ils obéissent aveuglément à l'autorité. Ils ne voient pas que leurs élus ne sont que des pions mus par un complexe militaro-industriel qui les dépasse. Les États ne sont pourtant plus que les transcripteurs de directives émanant d'invisibles prestidigitateurs… FMI, OMC, OCDE, NSA, ONU… Un système où la liberté des citoyens va en se réduisant. Un système où la surveillance et le contrôle total des individus sont rendus possibles par la technologie et où tout le monde trouve « normal » de communiquer sa vie privée sur les réseaux sociaux ou ses données personnelles aux applications de son téléphone portable… Le plus alarmant, peut-être, c'est de constater l'abêtissement de la population. Excuse-moi de te le dire, Emma, mais les systèmes publics d'enseignement se dégradent ce qui rend la future « ressource humaine » plus docile. La langue s'appauvrit, la *novlangue* se répand — Fabien, pense à lire *1984* d'Orwell en sortant d'ici — empêchant les hommes de réfléchir et de percevoir l'état de sujétion dans lequel ils sont maintenus alors que le conditionnement médiatique est renforcé. …Tu comprends mieux ma position concernant le recensement, Emma ? Trouver le recensement « normal » quand on connaît ses fondements militaro-industriels et l'usage que l'on en fait dans certains pays est selon moi tout simplement inconscient !

Un long silence suit son exposé rigoureux. Mes yeux, comme ceux de Fabien, restent braqués sur ceux de Lucie.

Pourquoi n'ai-je jamais songé moi-même à cette soumission aveugle ? Peut-être parce que si je m'étais retrouvée dans cette situation, j'aurais délivré, comme les autres, les décharges aveuglément...

J'en frissonne.

Quelques cris et un chant délirant parviennent à mes oreilles au même moment. Je tourne la tête et j'aperçois un patient debout sur une table, gesticulant et chantant. Il a retiré le haut de sa tunique. Des cheveux noirs hirsutes lui donnent un air encore plus sauvage.

Lucie attire à nouveau mon attention.

— Vous comprenez mieux pourquoi on m'a enfermée ici ?

Ça, je le comprends ! Si elle a écrit tout ça dans son blog et en a parlé à la bibliothèque et lors de manifs, c'est sûr qu'elle doit déranger !

Fabien est lui aussi entièrement d'accord avec Lucie. Il passe une main dans ses longs cheveux noirs et soupire. Il est si jeune et pourtant, ses traits sont déjà tellement marqués.

— J'ai fait le même constat, mais n'ai pas suivi le bon chemin, lâche-t-il.

Sa voix trop éraillée pour son âge porte l'empreinte des épreuves. Pour toujours, me dis-je. Il est des blessures qu'on ne soigne jamais définitivement.

Quand il a pris conscience de l'imposture démocratique, poursuit-il, quand il a pris conscience de la corruption des Occidentaux par le fric et le vice, ça l'a révolté. C'est comme ça qu'il a décidé de rejoindre les islamistes, nous explique-t-il simplement, la voix tendue par l'émotion.

Il a cru reconnaître en eux les valeurs qu'ils voyaient perdues en

Europe. Il croyait que les djihadistes combattaient pour une noble cause, qu'ils œuvraient pour rétablir la justice sociale. Il est alors parti un beau matin, sans prévenir quiconque, direction la Turquie. Il a rejoint un passeur qu'il avait contacté et qui l'a guidé jusqu'en Syrie. Rien de plus facile que partir faire le djihad. « Un jeu d'enfant », ajoute-t-il ironiquement.

Là-bas, tout n'était que sang, haine et barbarie en tout genre. Une barbarie sans nom. Une corruption encore bien plus grande régnait aussi dans le camp de Daesh, la même soif de pouvoir et l'opportunisme qu'il venait de quitter en Europe. Les mêmes manipulations ! Alors, il a fui. Il a rejoint la Turquie.

Son regard se trouble tandis qu'il nous relate ce passé trop lourd.

— J'ai traversé la frontière syrienne dans l'autre sens, ai regagné la Turquie je ne sais comment, puis la France. Je venais juste de passer la frontière que la police m'a cueilli et m'a conduit ici. Heureusement, ils n'ont jamais eu la certitude de mon engagement dans les rangs de Daesh, mais mon internement est une mesure de précaution.

Sa voix tremble.

— Cette expérience m'a détruit. C'est certain…

Un long silence que ni Lucie ni moi n'osons rompre.

— Mais je saurai réparer mes erreurs. Je rachèterai mon aveuglement même si je dois y laisser la vie »

Je tremble. D'émotion ou d'angoisse, je ne sais. Je comprends la richesse de ces deux rencontres dans une vie humaine.

Les yeux embués, nous terminons notre repas, dans l'agitation toujours incongrue de la salle commune.

Plus aucun mot n'est à la hauteur du moment. Et puis nous sommes vidés.

En silence, nous nous séparons et regagnons nos chambres sous l'escorte discrète d'un infirmier.

Une page vient de se tourner.

Celle de la naïveté.

CHAPITRE 17

LASTOURS

Les vacances de février débutèrent dans la grisaille. Illario devait héberger Louise la première semaine. Il se rétracta sans raison, informant Emma par un simple SMS. Il ne voulait pas voir sa fille. Il n'apporta pas plus de précisions concernant le moment où il serait disposé à la recevoir.

Louise en était accablée, en pleurs. Des sanglots venaient agiter son petit corps si frêle et soulever sa poitrine. Une situation trop difficile à comprendre pour une enfant de huit ans. Une vision trop douloureuse à endurer pour une maman désemparée.

— Pourquoi papa ne veut pas que j'aille à la maison ?

— Tu lui demanderas quand tu le verras… Mais il doit sûrement être occupé.

— Tu crois qu'il ne m'aime plus ?

Emma prit sa fille dans ses bras, avec toute la tendresse possible malgré son désespoir, tentant de masquer sa propre émotion. Difficile pour elle de trouver l'énergie susceptible de réconforter Louise sans dénigrer son père alors que l'écœurement était là, bien présent, et avait remplacé l'amour passionnel et illusoire qu'elle avait trop longtemps éprouvé pour cet être vil. Un homme qui n'aurait même pas dû mériter sa considération.

Le sentiment de liberté ressenti les premiers jours avait ainsi déjà laissé place au désarroi.

Mais elle ne regrettait rien.

C'était sûrement le prix à payer.

Elle tenta comme elle put d'apporter réconfort et distraction à sa fille alors qu'Illario refusait qu'elle vienne récupérer quelques jouets à son domicile. Emma n'avait pas les moyens financiers d'améliorer le quotidien et Louise tournait en rond dans leur petit F1 et interrogeait inlassablement sa maman sur le silence de son père.

Emma essayait d'organiser quelques sorties bien que ce ne soit pas si évident par ce temps hivernal. La pluie ne cessait de s'abattre sur la vallée et quand elle s'interrompait, c'était la tramontane qui prenait le relais et les rongeait jusqu'aux os. À l'euphorie de la libération succédait l'angoisse du quotidien due à la séparation.

Elles sortirent néanmoins se promener sur les chemins escarpés de la vallée de l'Orbiel. Louise voulait grimper jusqu'aux tours cathares. Elle aimait que sa maman lui raconte ces légendes d'un autre temps, celle d'un seigneur amoureux d'une dame au surnom fascinant : « La louve ». Cette promenade semblait lui être profitable. En route, Louise retrouva le sourire et Emma le moral. L'enfant virevoltait, poussée par le vent sur le chemin sinueux alors qu'Emma lui racontait une énième fois cette histoire, à la manière des troubadours. Leurs éclats de rire se perdaient dans la montagne.

Au-dessus d'elles, un aigle à tête dorée planait impassiblement à la recherche de sa proie. En contrebas, l'écho de la rivière des Oliviers remontait jusqu'à elles, porté par le vent. Au cœur du massif calcaire, le passage de l'eau avait creusé des centaines de grottes qui gardaient elles aussi leur mystère. Il semblait à certains moments à Emma entendre des voix. Peut-être celles du passé.

Des histoires lointaines rejaillissaient, fortes d'impuissance et d'injustice.

Des voix qui cherchaient réparation et ne pouvaient se taire.

Âmes gravées dans la pierre et charriées par le vent.

Emma régressait alors en des temps reculés, légers et troubles à la fois.

Gente dame persécutée sans raison…

Indomptable princesse cathare…

Hérétique désignée comme sorcière… Bouc émissaire de toute une descendance…

…Elle recouvrait sa mémoire d'antan.

Plusieurs siècles s'étaient écoulés, mais les mêmes injustices, les mêmes complots révélaient toujours la noirceur persistante de l'âme humaine : le mal ancré au cœur des hommes, portant la marque du diable.

Emma frissonnait, pourtant enflammée devant l'aura de soufre qui soufflait sur elle, quand une rafale la ramena au présent : le monde n'avait décidément pas vraiment changé. La barbarie avait seulement revêtu un autre visage. Plus conformiste et institutionnalisé.

Elle laissa échapper un soupir et chercha Louise du regard. Elle la rejoignit au sommet du pic rocheux. Là, dans le silence majestueux, elles contemplèrent le village minuscule qui se perdait en contrebas. Savourant ensemble l'immensité. Elles embrassaient ainsi du regard la montagne noire alors que le jour commençait à décliner, goûtant à ce moment profond, entre chien et loup.

Louise, les bras grands ouverts, recevait la force du vent contre laquelle elle tentait vainement de résister. Emma pensait à la scène mythique de *Titanic*. Elle espérait seulement que le naufrage ne serait pas aussi terrible. Pour l'heure, elle profitait de l'instant. Louise oubliait son père et ses soucis. Dans ces moments-là, aucun mot n'était nécessaire. La nature et la beauté avaient leur propre langage.

De retour dans le petit appartement, la réalité les rattrapa et Louise s'assombrit à nouveau. Emma luttait elle aussi pour être forte et ne pas pleurer devant sa fille. Elle se sentait seule. Elle songea à sa famille qui la soutenait mais qui était bien trop éloignée d'elle. Sa mère, Mireille, aurait voulu qu'elles reviennent toutes les deux près d'elle. Pourtant, Emma ne pouvait pas partir abandonnant son poste et enlevant Louise. Quant à Alexandre, il était là, tout proche et toujours à l'écoute. Cependant, Emma voulait tourner la page seule et sans ambiguïté sentimentale.

Ce n'était pas le moment.

*
* *

La première semaine de vacances s'écoula, morne et pesante, jusqu'à cette visite.

Vendredi. 11 h 38.

Elles venaient de rentrer du marché et les cernes qui soulignaient les yeux d'Emma révélaient sa fatigue. Des cris d'enfants se faisaient entendre à l'extérieur. Louise s'approcha de la fenêtre et dut se hisser sur la pointe des pieds pour l'atteindre, cherchant d'où provenaient les éclats de voix. Emma déposait le pain et le fromage qu'elles avaient achetés au village sur la table quand trois petits coups secs frappés à la porte d'entrée les arrachèrent à leur quotidien.

Elle sursauta.

Personne ne lui rendait visite.

Pas de famille sur place. Pas d'amis.

Ce ne pouvait qu'être Illario.

Le seul fait de penser à lui la mit dans un état d'angoisse.

Que lui voulait-il ? Pourquoi n'avait-il pas prévenu avant de passer ?

Elle resta figée quelques instants sans pouvoir bouger puis s'approcha d'un pas mal assuré de la porte et interrogea d'une voix qui trahissait son stress :

— Oui ?

— Nadia Berton, assistante sociale du Conseil Départemental de l'Aude. Je viens voir Emma Morelli. Puis-je entrer ?

Emma resta sonnée de longues secondes.

Une assistante sociale ? C'était forcément une erreur… Pourtant, c'était bien son nom qu'elle avait entendu prononcer. Elle tourna instinctivement le visage vers son enfant. Louise la regardait aussi, interrogative.

Soudain, elle comprit. Les pièces de l'échiquier reprenaient leur place.

Si Illario n'avait pas voulu héberger sa fille, c'est qu'il avait un projet. Elle vivait dans un appartement trop petit, dénuée de tout. Il envoyait une assistante sociale pour en faire le constat.

C'était tellement évident et tellement pervers. À son image.

Elle déverrouilla la porte fébrilement et laissa entrer l'assistante sociale, une femme d'une cinquantaine d'années, cheveux courts, bruns, air sérieux, qui lui présenta sa carte. Elle lui expliqua qu'elle était missionnée par le département pour évaluer les conditions d'hébergement de la petite Louise.

Alors qu'elle pénétrait déjà dans les lieux, sans attendre d'autre invitation, Emma pâlit et se raidit involontairement. Nadia Berton avait sorti un carnet de son sac et commençait à tourner dans l'appartement, très à l'aise.

Emma souhaita obtenir davantage de précisions.

Qui l'avait envoyée ? Quelle raison motivait cette visite ?

Sa voix était cassée par la peur. Elle n'obtint aucune autre information, madame Berton récitant un texte qu'elle avait certainement régulièrement l'habitude de servir, répondant qu'elle effectuait le travail pour lequel elle était détachée, mais qu'on ne l'informait jamais des raisons. — Je me contente d'exécuter ma mission.

Son ton grandiloquent aurait pu faire rire Emma si elle n'était pas si effrayée.

Nadia Berton était déjà passée dans l'unique chambre et s'étonna sèchement de ne pas trouver le lit de Louise. Emma expliqua que cette solution d'hébergement était provisoire, qu'elle n'avait quitté le foyer conjugal que depuis quelques semaines. Louise dormait tout simplement sur la chauffeuse qui était rangée dans l'angle de la chambre et qu'elle dépliait chaque soir.

L'assistante sociale soupira.

Elle souleva du bout des doigts la paire de chaussettes qui traînait au pied du lit – ce dont se désolait déjà Emma –, dévoilant ainsi le bouquin qui gisait dessous. C'était un thriller, le dernier Giebel, dont la découverte ne sembla guère enthousiasmer la professionnelle vu sa moue. Les questions déferlèrent en rafale.

Où étaient les penderies à vêtements ? Les jouets de Louise ? L'armoire à pharmacie ? Combien de mètres carrés ?

Elle avait déjà sorti un laser de son sac à main et procédait au métrage. Les portes s'ouvraient, se refermaient en claquant. Emma se sentait agressée dans son intimité, comme au temps où elle vivait encore avec Illario. Même à distance, il parvenait à pénétrer son intimité et à lui nuire.

Nadia Berton inspectait maintenant le réfrigérateur, l'unique placard de cuisine, celui de la salle de bain, d'un air froid et détaché. Elle nota la présence d'une unique plaque électrique, et l'absence de four pour cuisiner. Elle fouilla également les poubelles après avoir enfilé une paire de gants et posa ensuite ses questions directement à Louise.

Est-ce qu'elle se sentait bien chez sa maman ? Sa maman s'occupait-elle correctement d'elle ? Faisait-elle des cauchemars ? Recevaient-elles de la visite ? Est-ce que sa maman buvait ou fumait ?

Une nouvelle avalanche de questions se déversa sur l'enfant. Louise répondit un minimum, se raccrochant désespérément au regard de sa mère pour tenter d'avoir une explication à tout cela. Elle précisa qu'elle vivait aussi chez papa et qu'elle aimait bien y aller. Les yeux de la fonctionnaire balayaient chaque recoin et ne cessaient leur va-et-vient entre l'examen méticuleux de l'appartement et le carnet sur lequel elle griffonnait énergiquement. Pendant toute la durée de la visite, Emma se tint pétrifiée au milieu de la pièce à vivre, regardant incrédule et apeurée la déambulation de l'assistante sociale jusque dans la minuscule chambre. Louise se serrait tout contre elle, la main dans celle de sa mère, toutes les deux perdues au cœur d'un naufrage programmé et bien orchestré.

Aussi vite et sèchement qu'elle était entrée, Nadia Berton quitta les lieux en les saluant. Emma dut se contenter de son sourire forcé en guise de conclusions.

— C'était qui la dame ? s'inquiéta Louise d'un air perdu quand elles se retrouvèrent toutes les deux.

Que dire à une enfant de huit ans ? Emma serra sa fille contre elle, tentant de refouler les sanglots qu'elle sentait monter, lui répondant que ce n'était rien. Juste une dame venue vérifier l'appartement. Louise se contenta de ce mensonge, sachant déjà que certaines choses dans le monde des grands la dépassaient.

Deux jours plus tard, Illario appela sa fille et demanda à venir la chercher.

Louise était ravie d'entendre enfin son père et de pouvoir le retrouver. Emma n'osa refuser qu'elle le rejoigne. Cela faisait dix jours qu'elle ne l'avait pas vu.

Louise le retrouva donc et ce pour le reste des vacances d'hiver. Il était convenu que l'enfant reviendrait auprès de sa maman pour la reprise de l'école et les trajets journaliers, comme à l'accoutumée. La séparation fut douloureuse pour Emma qui sentait que sa fille lui était arrachée.

Ce n'était pourtant que pour quelques jours.

Du moins le croyait-elle.

Le lendemain, un silence désolant enveloppa le petit appartement.

Le vide était immense.

Emma erra entre les quatre murs puis se décida à composer le numéro d'un avocat. Elle le rencontra le jour suivant après avoir souscrit à un de ces crédits express à la consommation pour pouvoir le régler.

Dès qu'elle pénétra dans son cabinet, elle se sentit oppressée par l'ambiance austère et la superficialité du décor. Une heure après son arrivée, Maître Bernardo, un homme grand et sec, engoncé dans son costume gris, put enfin la recevoir.

L'entretien n'eut rien de chaleureux.

Emma avait l'impression de subir un interrogatoire. Elle lui relata ses neuf années de mariage, l'emprise insidieuse, les humiliations sexuelles, les manipulations financières, le harcèlement quotidien.

— Il va falloir être patiente et courageuse. La guerre est ouverte. Et je vous interdis tout contact avec votre époux.

Les propos belliqueux de son avocat ajoutèrent à son désarroi. Maître Bernardo ajouta :

— Concernant le harcèlement et les violences sexuelles, inutile d'en parler durant le divorce si vous n'avez aucune preuve ni aucun certificat, à moins que vous ne vouliez passer pour une affabulatrice qui cherche à faire tomber son ex. Classique dans les divorces !

Emma ne faisait que découvrir, démunie, la scène judiciaire, elle serait ensuite contrainte de jouer son rôle dans cette vaste comédie où seuls comptent les mensonges et les apparences.

La séparation avec Louise était interminable. Elle tenta de prendre de ses nouvelles par téléphone. La sonnerie laissait invariablement place au répondeur. Illario ne répondit jamais.

Les trois derniers jours des vacances, Emma les passa soit au fond de son lit, soit dans le bureau de madame Grandville qui finit par la confier au docteur Pascal, le psychiatre du Centre Médico-Psychologique. Il lui prescrivit ses premiers antidépresseurs qui lui permirent de tenir jusqu'à la rentrée, moment où elle devait retrouver sa fille. Enfin.

Les jours suivants, les semaines suivantes, Emma ne les verrait passer qu'à travers le voile de sa conscience fragmentée. Un brouillard d'événements qui s'enchaîneraient hors d'elle, hors de toute volonté et de toute logique.

*
* *

Lundi suivant.

7 h 15.

Retour des vacances.

Le moment des retrouvailles avec Louise était enfin arrivé. Emma guettait son enfant au pied de son immeuble pour la conduire à l'école. Elle imaginait déjà revoir son sourire, la tenir dans ses bras. La fin d'une attente interminable.

Cependant, les minutes passaient.

Personne.

Elle arpentait fébrilement le parking de long en large, tendant l'oreille à chaque bruit de moteur.

Rien.

Elle se décida à appeler Illario.

— Tu n'auras Louise que le week-end prochain. Désormais, c'est un week-end sur deux pour toi et la moitié des vacances.

Et il raccrocha et se mit sur répondeur.

Emma sentit son cœur se comprimer dans sa poitrine et crut défaillir. Illario imposait ses règles comme il l'avait toujours fait. Elle était terrorisée à l'idée de perdre son enfant et n'avait rien trouvé à lui rétorquer.

Son avocat qu'elle contacta sur-le-champ lui expliqua froidement que tant que la garde n'était pas fixée, chacun des deux parents pouvait s'octroyer exclusivement l'enfant. Aucun recours possible, total vide juridique.

Emma continuait à découvrir les rouages judiciaires et l'inanité de certaines lois.

Seule solution, lui annonça maître Bernardo, récupérer sa fille à l'école.

La journée se déroula dans une tension inhumaine. Le soir, Emma quitta son travail dès que la sonnerie retentit afin d'attendre Louise à la sortie de l'école.

Illario était bien évidemment là lui aussi. Emma était entrée par le portillon des enseignants. Lui était aux aguets, de l'autre côté de la grille, comme un lion en cage, tirant nerveusement sur sa clope, les yeux brillant singulièrement.

Il intima l'ordre à Emma de rentrer chez elle, assurant que Louise ne voulait pas partir avec elle. Leur fille sortit de classe à ce moment-là. Elle accourut vers son enfant. Louise détourna le regard. Emma crut voir de la peur dans ses yeux. Elle la prit par la main.

— Je veux rester avec papa.

Louise retira sa main aussi froidement qu'elle s'était exprimée.

Illario était entré à son tour dans la cour. Il entraîna Louise hors de l'école, en direction de sa voiture, menaçant assez fort pour que les autres parents entendent :

— Si tu insistes, j'appelle les gendarmes. Louise veut rester avec son papa. Tu ne l'enlèveras pas !

Emma demeura incrédule puis désespérée au milieu de la cour, sans pouvoir ni bouger ni répondre. La douleur la figeait, ses larmes l'aveuglaient. Après quelques minutes, elle prit vraiment conscience de ce qui venait de se passer et quitta les lieux, hagarde.

Coupable... mauvaise mère, résonnaient sous son crâne.

Elle appela son avocat qui lui conseilla cette fois de récupérer sa fille de force ! Ou de déposer plainte…

Emma fonça au commissariat sans s'inquiéter de son état pour conduire, surtout à cette vitesse.

Elle ne pensait qu'à Louise.

Son instinct de mère la guidait.

D'abord, on ne l'autorisa pas à entrer. Ce n'étaient pas les bons horaires.

Elle insista, indiquant qu'elle venait déposer plainte pour « non-présentation d'enfant », comme son avocat lui avait dit de le faire.

On finit par lui ouvrir.

Elle pénétra dans un hall humide et gris, s'assit sur un banc de bois à la propreté douteuse. Elle patienta quarante minutes, fiévreuse, avant qu'un policier ne la rejoigne. Les mains dans les poches, mâchant vulgairement son chewing-gum, il s'avança vers elle avec une démarche de cow-boy. Elle tâcha d'exposer calmement la situation, mais il refusa de prendre sa plainte. La réponse était encore la même : aucune garde n'était fixée, les parents pouvaient faire chacun ce qu'ils souhaitaient.

La justice du plus fort…

Et à ce jeu-là, elle serait perdante…

De plus, sa fille voulait apparemment rester avec son père, conclut le gardien de la paix. Son petit rictus finit de désarçonner Emma.

— Mais elle n'a que huit ans et elle est manipulée !

— C'est ce que disent tous les parents…

Le policier avait tranché.

Emma quitta le commissariat précipitamment, avec au fond de la gorge un profond sentiment d'injustice et de désespoir.

Vers qui pouvait-elle se tourner désormais ?

L'incompréhension dominait aussi. Mais qu'avait bien pu dire Illario à Louise pour l'éloigner d'elle à ce point ?

Son cœur était déchiré par le manque. Elle ne pourrait lutter sans Louise. Il lui fallait pourtant tenir pour espérer la retrouver.

Le dégoût se conjugua au chagrin : détruire sa fille, faire la pluie et le beau temps, se substituer aux lois et profiter du vide juridique, surfer sur les failles du système judiciaire pour tester son pouvoir et dépasser ses limites, c'était l'adrénaline, la toxine dont se nourrissait Illario. Faire du mal, se sentir puissant était plus qu'une nécessité. C'était une obsession pour lui.

Sur le chemin du retour, le visage baigné de larmes, la tentation fut grande pour Emma de jeter sa voiture au fond de la vallée de l'Orbiel.

À quoi bon vivre sans Louise ?

Seul un mince espoir la raccrocha à la route tortueuse et la préserva ce soir-là de la chute.

Les jours suivants, elle rejoignit sa fille aux récréations sous le regard accusateur du personnel de surveillance, car dans le groupe scolaire des rumeurs commençaient à circuler comme toujours dans ce genre de circonstances. Elle y retrouvait enfin Louise, mais ne pouvait que constater la désolante métamorphose. Sa fille était chaque jour un peu plus distante.

Quand Emma lui demanda pourquoi elle ne voulait pas venir avec elle, Louise répondit sans même la regarder dans les yeux que sa maison c'était chez papa,

— C'est toi qui es partie, lâcha froidement Louise en l'ignorant.

Ce n'était pas des propos d'enfant. C'était les paroles de son père.

Mais pour Emma, c'était douloureux et incompréhensible.

Elle ne saisissait pas ce changement brusque, survenu en quelques jours seulement. Elle expliqua à Louise que ce n'était pas juste de parler ainsi, qu'elle ne devait pas faire de différence entre papa et maman. Elle n'avait pas à choisir et elle viendrait la chercher à nouveau à l'école le soir même. Louise refusa catégoriquement.

Emma la sentait s'éloigner sans en comprendre les raisons. Elle n'était pas armée pour ce combat tactique où Louise n'était plus qu'un pion entre les mains de son père, une monnaie d'échange, un moyen de pression.

Sa petite fille lui apprit aussi, ravie, que son papa l'avait réinscrite à ses cours particuliers de piano. Emma en était scandalisée et commençait à comprendre la manœuvre. Il avait pourtant insisté pour qu'on ne la réinscrive pas en début d'année scolaire puis n'avait cessé d'objecter que Louise n'était pas assez motivée pour bénéficier d'une activité aussi onéreuse... De plus, ses résultats scolaires n'étaient selon lui pas assez bons et il fallait également qu'elle fasse des efforts de comportement. Et là, brusquement, il la réinscrivait sans en discuter avec elle... Louise ne parlait plus que de son concert qui devait avoir lieu durant les vacances. Deux semaines plus tard, elle possédait son propre piano à la maison. Il achetait sa fille.

La machine était lancée. Incontrôlable.

Chaque soir, Emma se rendait au portillon de l'école. Désormais, un panneau était affiché qui stipulait que les enseignants du groupe scolaire devaient attendre la sonnerie avant de pénétrer dans la cour. Comme si Emma était venue enlever sa fille !

Elle regardait Louise sortir, courir vers son père et partir avec lui. À la détresse affective s'ajoutaient l'humiliation en public, le regard d'autrui.

Elle, mère indigne dont l'enfant se détournait.

Elle était certainement coupable des pires méfaits, c'était la seule explication...

Les rumeurs enflaient.

Emma était à bout de force.

Elle n'était plus qu'un fantôme. Invisible aux yeux de tous. Car qui avait envie de côtoyer en face une mère abjecte ?

Nouveau coup bas le vendredi matin.

Une demi-heure après son arrivée au travail, la responsable du lycée, Viviane, appela affolée Emma dans son bureau. Le conseiller principal d'éducation les rejoignit, comme pour une réunion au sommet. Leur stress était manifeste. Viviane informa alors Emma que son mari était à l'accueil du groupe scolaire et demandait à parler à un responsable. Le chef d'établissement étant en déplacement, il exigeait de la voir elle.

Que se passait-il ? Que devait-elle faire ?

Emma ne savait que lui répondre, décontenancée par la panique de sa chef et le contexte.

Elle insista. Devait-elle le recevoir ?

Viviane était à ce poste depuis une quinzaine d'années. Petite, ronde et autoritaire, Emma l'avait toujours perçue comme ce genre de femme qui ne se laisse pas déstabiliser. Pourtant, c'était un pauvre animal affolé qui se tenait devant elle ce matin-là.

Pourquoi la présence d'Illario entraînait-elle à chaque fois cette nervosité fébrile chez tous ceux qu'il approchait ?

Emma oscillait quant à elle entre inquiétude et incrédulité. La situation était totalement incongrue. C'était sa chef qui lui demandait conseil à elle avant de prendre sa décision ! Emma n'était certainement pas en état de juger. Elle tenait à peine debout et était angoissée elle aussi par cette intrusion, constatant qu'Illario était encore capable de s'immiscer dans sa vie et de la contrôler malgré leur séparation, la distance physique et après s'être accaparé Louise.

Insoutenable viol impalpable.

Qu'était-il venu faire ?

Les trois collègues formaient une étrange triangulaire dans le petit bureau ovale et la tension était pesante. Un lourd silence était tombé, ponctuellement entrecoupé par les clameurs des lycéens qui se livraient à une partie de football sur le plateau sportif en contrebas. Le conseiller d'éducation, grand et trapu, n'avait pas décroché un mot, comme à son habitude quand la situation se compliquait. Il se tenait tête baissée, fouillant maladroitement sa barbe fournie de sa main osseuse. Il transpirait déjà.

Viviane lançait, elle, des coups d'œil furtifs à l'un puis à l'autre. Chacun cherchant une solution en l'autre.

Emma choisit de rompre ce silence trop long, répondant à Viviane qu'elle n'avait rien à se reprocher et qu'elle pouvait le recevoir si elle le souhaitait.

La responsable descendit retrouver son mari. Emma quitta le bureau, pressée de s'extirper de cette pièce étouffante et patienta au centre de documentation, un des rares lieux où elle trouvait calme et repos au lycée. Ce matin-là, les livres ne suffirent pas à l'apaiser et c'est avec fébrilité qu'elle attendit le retour de sa responsable. Elle revint finalement au bout d'une longue demi-heure accompagnée de Roger, le conseiller d'éducation.

Emma les suivit à nouveau jusqu'à son bureau.

Viviane s'efforçait de paraître calme, mais Emma comprit à sa démarche et son sourire plaqué que quelque chose clochait. Ils entrèrent tous les trois. Viviane prit soin de fermer la porte puis expliqua à Emma d'un ton trop doucereux qu'elle avait reçu son mari avec Roger pour ne pas se retrouver seule, et qu'il ne fallait pas qu'elle s'inquiète. Roger confirma ses propos du même sourire convenu et un hochement de tête. L'intonation de sa voix ne cadrait pourtant pas avec les paroles apaisantes, ce qui finit de déstabiliser Emma.

Viviane poursuivit :

— Ton mari avait juste l'air désorienté suite à votre séparation et éprouvait le besoin de se confier.

Elle expliqua qu'il avait évoqué leur vie, ce qu'ils avaient construit ensemble et comment elle avait tout détruit d'un seul coup. Emma était stupéfaite.

« Il a l'air malheureux », entendit-elle à travers le brouillard de leurs voix.

Incrédule, elle comprit pourtant qu'ils s'étaient eux aussi laissés berner.

— Il était tremblant, tenait des propos extravagants et t'en veut apparemment beaucoup, lui expliqua Viviane.

— Ses paroles à ton égard ont été très dures, ajouta le conseiller principal.

Emma était étourdie. Illario n'avait pas hésité à aller la calomnier auprès de ses supérieurs. Mais où s'arrêteraient sa volonté de destruction et son sentiment d'impunité ?

Il savait que le travail restait une échappatoire pour elle et il cherchait à l'acculer.

Elle était brisée.

Ruiner sa réputation et sa carrière devenait sa nouvelle source de plaisir.

Sa vue commença à se troubler. Emma les remercia et tourna les talons. Il lui fallait prendre l'air.

Elle trouva refuge sur une petite terrasse, déserte à cette heure-ci, derrière la cour de récréation. Elle s'efforça d'assembler ses idées, de respirer calmement, mais ses nerfs lâchèrent. Elle éclata en sanglots, se rendant compte à ce moment-là seulement qu'elle avait manqué sa première heure de cours et qu'elle ne serait certainement pas en mesure d'assurer les suivantes. Il lui fallait du soutien. Incapable de réfléchir, elle ne savait que faire.

C'est en pleurs qu'elle se rabattit une nouvelle fois sur son avocat. Elle composa son numéro.

— Calmez-vous, Madame Morelli. Je ne vous comprends pas... Répétez, s'il vous plaît...

Quand elle parvint enfin à lui exposer la situation, la réponse de Maître Bernardo fut un nouvel ultimatum : soit ses supérieurs témoignaient par écrit de ce qui s'était exactement dit dans leur bureau, soit elle devait déposer plainte pour diffamation.

Emma paniqua. Combien de plaintes devrait-elle déposer avant de se faire entendre ?! L'entendrait-on seulement un jour ? En fait, elle n'avait guère le choix. Il ne lui restait plus qu'à aller retrouver Viviane et Roger et leur demander un témoignage. Cette perspective ne la réjouissait guère. Elle était une enseignante très impliquée mais discrète, surtout concernant sa vie privée. Demander un témoignage à ses collègues, et supérieurs de surcroît, la déstabilisait. En même temps, elle n'avait pas d'autres alternatives. Illario avait atteint son nouvel objectif : la détruire sur son lieu de travail aussi. Elle ne pouvait le laisser agir impunément.

Quelques minutes plus tard, elle se trouvait à nouveau face à Viviane et Roger, à formuler sa requête. Ses deux collègues, très mal à l'aise, refusèrent de s'impliquer davantage. Ils déclarèrent même regretter de lui avoir parlé de la venue de son mari. Ils n'en diraient pas plus désormais, ne « souhaitant pas trahir la confidentialité de l'entretien », ajouta Roger qui l'encouragea néanmoins à porter plainte, les propos tenus relevant bien de la diffamation, confirma-t-il. Emma était perdue devant tant de confusions.

Roger crut utile de lui donner un dernier conseil :

— Fais attention à toi et protège-toi…

Emma ne remarqua pas leur regard de pitié lorsqu'elle quitta le bureau.

Le samedi matin, elle se résigna à déposer une plainte au commissariat de Carcassonne pour diffamation. Sur les conseils de son avocat et étant donné le silence d'Illario concernant son souhait de garde, malgré plusieurs courriers à son avocate, Emma se décida aussi à demander la résidence principale pour Louise et non plus alternée comme elle le lui avait d'abord proposé.

Dans le même temps, son avocat rédigea une lettre au Procureur de la République pour l'alerter de l'attitude inquiétante d'Illario qui se présentait tremblant sur le lieu de travail d'Emma, en tenant des propos incohérents et diffamatoires et refusait de lui rendre sa fille. Maître Bernardo demanda également à Emma de s'éloigner de Lastours : « Votre mari ne vous lâchera pas, vu comme c'est parti. Il vous faut mettre des distances si vous ne voulez pas être harcelée. C'est une situation classique étant donnée la tournure que prennent les événements. Rapprochez-vous de Carcassonne. Et protégez-vous ! »

Emma était inquiète pour sa fille et déroutée par toutes ces mises en garde.

Prise dans un engrenage pervers sans s'en rendre vraiment compte, elle avait l'impression de délirer. Était-ce un complot ? Un jeu de Sims ?

Plutôt une partie d'échecs. Où tous les coups semblaient permis. Sans règle du jeu.

Jusqu'où Illario pouvait-il aller ?

Dans la semaine, elle trouva un appartement plus grand à Carcassonne et s'endetta encore davantage. Il le fallait pour Louise. …Louise, son enfant qui habitait toutes ses pensées.

Elle en perdait le sommeil, vivait dans un état de tension totalement paralysant.

Elle en voulait aussi à ses collègues. Investie comme elle l'était au sein de son établissement, appréciée de tous, honnête et consciencieuse, pourquoi gardaient-ils le silence ? Quelle était la raison de cette omerta ? Eux seuls pouvaient, par leur témoignage, mettre à jour les manigances d'Illario mais ils ne voulaient pas s'impliquer dans sa vie. Elle se sentit abandonnée de tous.

Emma n'obtiendrait pas de réponse à ses interrogations et ne pourrait jamais prouver ce qui s'était exactement dit ce jour-là dans le bureau de la Direction. Seuls des bruits de couloir au lycée filtraient et finirent de l'anéantir, selon le plan bien calculé d'Illario.

Elle pensait pourtant être autre chose qu'un simple pion. Elle croyait avoir tissé des liens de confiance et de respect avec ses collègues. Elle avait eu foi en ces valeurs humaines qu'on prétendait défendre au sein de son établissement. Mais, quand la crise survient, les gens fuient souvent.

Elle prit ainsi conscience en quelques jours de la cruauté du monde. Que de superficialité, de lâcheté de la part de ceux qu'elle pensait être de véritables camarades ! Des hommes et femmes qu'elle estimait. Ce n'était encore que le premier round du match de boxe qui allait la démolir. Les portes se fermaient toutes et les coups pleuvaient.

Premier *uppercut*.

Et elle était déjà assommée.

Deuxième *round* dès le lundi suivant.

Ce jour-là, Illario fut convoqué à la gendarmerie et Louise fut entendue elle aussi. Emma n'en fut pas informée. Comment pouvait-on interroger une enfant de huit ans sans soutien psychologique, sans contacter la maman au préalable ?

Louise déclara aux gendarmes vouloir rester avec son papa. La plainte d'Emma fut classée sans suite et elle se retrouva piégée dans le jeu vicieux d'Illario.

« La plainte déposée par Mme Morelli et le courrier alarmant de son avocat nous semblent infondés », concluaient les gendarmes dans leur rapport sans même interroger les personnes concernées sur le lieu de travail d'Emma.

Et Illario jubilait.

Elle avait agi exactement comme il le souhaitait : aux yeux de sa fille, elle devenait l'agresseur et lui la victime à défendre. Il savourait ainsi sa victoire, pouvant imposer ses décisions en toute impunité, omnipotent. Franchissant les limites éthiques et ne trouvant aucune résistance, aucun obstacle.

158

Emma apprendrait plus tard qu'il n'avait pas lésiné sur les moyens pour parvenir à ses fins. Il avait fait lire à Louise son dépôt de plainte, le courrier de son avocat au Procureur de la République et l'avait convaincue qu'il n'était jamais venu dire du mal d'Emma à son lycée, se plaignant en outre qu'après les avoir abandonnés, sa mère les envoyait chez les gendarmes pour le détruire…

Elle était méchante et menteuse.

Louise le défendait.

Tout naturellement… Tragiquement.

La stratégie d'Illario était imparable.

Emma pourtant ne comprenait toujours pas.

Comment Louise pouvait-elle choisir de rester avec son père et la rejeter ?

Un désespoir de mère qui faisait peine à voir.

Qu'étaient devenus leur complicité et leur amour ?

Illario s'en tenait pourtant jusque-là à son rôle de figurant, de simulacre de père. Il sortait maintenant le grand jeu avec sa fille qui devenait, après Emma, son nouveau jouet, son nouveau faire-valoir. L'enfant idolâtrait son père. Lui se délectait de cette admiration mêlée de pitié que sa fille lui renvoyait. Une autre relation perverse et narcissique était en train de naître et le nourrissait, à la place de l'autre. Emma redevenait aussi un pion entre sa main malgré la distance, une marionnette qui continuait d'agir et d'avancer au gré de ses humeurs. Le dernier engrenage, levier ultime, était actionné : l'enfant devenait le bras vengeur de son père. L'étau se resserrait autour d'Emma, les rouages trop bien huilés.

Louise s'éloigna encore davantage après cet incident.

Mensonges, apparences, manipulation, résonnaient à nouveau de concert.

Illario évoluait sur son terrain privilégié. Emma n'en connaissait pas les règles et se refusait à utiliser les mêmes armes. Elle continuait

159

à voir Louise tous les midis à l'école, mais ne faisait que constater l'éloignement et l'impossible communication.

Même chose les week-ends.

*
* *

Ce vendredi-là fut pire que tout.

Drôle de surprise en effet en arrivant à l'école...

Emma remarqua le regard fuyant de son enfant dès qu'elle franchit le portillon. Que se passait-il encore ?

À peine eut-elle le temps d'embrasser sa fille que l'une de ses copines d'école, Lorie, s'approcha d'elle :

— Pourquoi t'es pas gentille avec Louise ?

Emma blêmit. Que voulait dire Lorie par là ?

Elle se tourna vers sa fille en quête d'une explication :

— C'est toi Louise qui a dit à Marie que je n'étais pas gentille avec toi ?

D'un ton assuré, l'enfant lui répondit que oui :

— Parce que tu m'as donné trop de fessées.

Emma se décomposa et se sentit vaciller.

Comment avait-elle pu en arriver à raconter que sa maman n'était pas gentille avec elle ? Son père avait-il pu l'en convaincre ?

Emma avait pris rendez-vous pour Louise chez une psychologue afin de l'aider à faire face au divorce. Une consultation était justement prévue en fin de journée. Elle tenta de garder son calme et de ne pas en vouloir à sa fille. C'était néanmoins difficile.

La psychologue pourrait certainement ouvrir les yeux de Louise, la faire parler, rétablir la vérité. C'était son seul espoir.

Sur le chemin du retour, nouveau reproche mortifiant de l'enfant à sa mère :

— Pourquoi t'as voulu me prendre ce week-end ? C'était pas ton week-end ! J'aurais préféré passer le dimanche chez ma copine Jeanne comme c'était prévu !

Ce dimanche-là, c'était celui de la fête des mères. Louise le savait et manifestait sciemment son mécontentement.

Voilà ce qui restait de la complicité entre Emma et son enfant.

La fillette finit même par déclarer à sa mère qu'elle n'avait plus très envie de la voir et qu'elle préférerait que papa vienne la chercher. Les larmes d'Emma coulaient sans retenue alors qu'elle conduisait. La gorge nouée, elle ne pouvait rien répondre à tant de froideur et de cruauté de la part de son enfant.

Elle recevrait les conclusions de la psychologue quelques jours après et elles étaient sans appel : Louise se plaignait que sa maman lui donnait trop de fessées et même qu'elle la tapait trop. La psychologue, paniquée, insista aussi pour qu'Emma informe le père de Louise de leurs rendez-vous. Il refusa bien évidemment le suivi de sa fille.

Quelques semaines après, l'isolement d'Emma finit par être total. Elle se retrouvait seule pour faire face à l'aliénation de Louise. La vérité était une nouvelle fois manipulée. On lui tournait encore le dos. Sentiment d'abandon absolu.

Sa famille était trop éloignée d'elle. Emma se sentait orpheline.

En quittant le cabinet de la psychologue, la situation dérapa encore. Arrivée à l'appartement, Louise se mit à chanter fort puis à crier, sauter sur le canapé, jeter tout ce qu'elle trouvait au passage : télécommande, bouteille d'eau, boîte de mouchoirs… Emma était désespérée. Elle restait prostrée dans un coin de l'appartement à pleurer.

La crise de Louise dura au moins vingt minutes.

Sa mère était impuissante.

Quand l'enfant se fut à peu près calmée, elle tenta d'avoir une explication.

Louise se referma.

Malgré son désespoir, Emma insista, elle ne comptait pas en rester là et sa souffrance se commua en colère. Louise comprit que sa mère n'abandonnerait pas tant qu'elle n'aurait pas de réponse. Elle finit par laisser échapper que c'était son père qui lui avait dit de faire des bêtises.

Emma s'en doutait bien, mais elle resta abasourdie de l'entendre.

Que faire ?

Un instant, elle envisagea de la conduire aux urgences pédiatriques afin qu'un pédopsychiatre constate l'état de sa fille et la manipulation qu'elle subissait. Ou à la gendarmerie pour que soient notés dans une main courante les événements et propos depuis la sortie de l'école.

Mais à quoi bon ? Elle allait à nouveau passer pour la mère qui exacerbait le conflit, qui ne ménageait pas son enfant. Elle serait la cause du traumatisme si elle l'amenait à la gendarmerie ou à l'hôpital. Et puis elle n'avait plus la force de le faire. Son avocat s'avoua lui aussi impuissant.

Elle était vidée. C'est Illario qui lui apparaissait sous les traits de Louise, là face à elle, à continuer à jouer avec ses nerfs et ses sentiments. Elle tenta d'aborder avec sa fille la question des fessées. Elle lui expliqua qu'une tape sur les fesses quand on avait fait une bêtise, ce n'était pas de la maltraitance. Louise se refusa à tout échange avec elle, se murant dans le silence. Emma culpabilisait aussi. Elle avait trop souvent manqué de patience avec son enfant, rompue par l'épuisement. Voilà où tout cela les menait aujourd'hui.

Méfiance réciproque pour la mère et l'enfant jusqu'à la fin du week-end.

Emma se sentit traquée dans ses moindres faits et gestes alors que Louise mesurait désormais chacun de ses propos.

Dans une dernière tentative, Emma évoqua avec Louise leur complicité avant son départ.

Louise semblait avoir oublié. Elle déformait certains faits, en oblitérait d'autres. Elle disait ne plus se souvenir de certaines sorties qu'elles avaient faites toutes les deux, ou déclarait que son père était avec elles. Louise subissait ce que l'on appelle le SAP – Syndrome d'Aliénation Parentale –, cette gangrène pernicieuse, manipulation inconsciente pouvant aller jusqu'à l'amnésie de l'enfant. À tel point que les souvenirs qui pourraient venir nuancer la vision manichéenne des événements sont gommés. La version du parent aliénant venant remplacer la réalité.

Emma l'avait lu.

Le redoutait.

Aujourd'hui, elle voyait l'aliénation personnifiée sous les traits de sa fille.

Mais le savoir ne l'apaisait pas.

Il lui fallait de l'aide.

Qui pouvait les sortir de là ? La soutenir ?

La Justice? Elle l'espérait encore.

Les psychologues ou pédopsychiatres ? Peut-être.

Pourtant, elle en appellerait plusieurs par la suite. Aucun qui ne veuille prendre Louise en consultation sans l'accord de son papa… Nouvel engrenage.

Elle était seule, démunie et fragilisée. Et sa fille tombait dans le gouffre avec elle.

Elle vit ce week-end-là à quel point sa relation avec Louise était faussée et ne laissait plus de place à la spontanéité, si bien que ce fut presque avec soulagement qu'elle la déposa à l'école le lundi matin. Et bien sûr, elle s'en voulut immédiatement.

Emma ne se raccrochait qu'à une idée : l'audience qui devait avoir lieu quinze jours après.

Et elle arriva enfin.

Audience, ou plutôt un simulacre d'audience…

163

L'avocat adverse n'eut de cesse de démontrer qu'Emma avait abandonné sa fille et son mari. Il ne l'épargna pas, brossant d'elle le portrait d'une femme animée d'un esprit batailleur et vengeur, distante de son enfant, annonçant que sa plainte pour diffamation était infondée et qu'elle avait d'ailleurs était classée sans suite. Qu'elle ne cessait de harceler son client. Il aborda également le rapport de l'assistante sociale qui pointait du doigt la petitesse du logement, le manque de confort. Louise n'y avait même pas de chambre à elle alors que la maison d'Illario était beaucoup plus agréable et que l'enfant y avait ses repères depuis la naissance.

Le propre avocat d'Emma accumula lui les maladresses, se trompant dans les noms et faisant de grossières erreurs de dates.

Emma était désemparée en sortant du tribunal. Cette audience n'avait été qu'une farce burlesque, une pantalonnade qui lui procurait la nausée.

Elle avait pourtant toujours cru en la souveraineté des institutions françaises. En la Justice plus qu'en tout autre. Un avocat lui rappellerait un jour que le juge n'était pas là pour rendre la justice, mais pour appliquer la loi.

Thémis, la jeune femme au port altier l'aurait-elle trompée ? La déesse grecque aux yeux bandés refuserait-elle de regarder la vérité et viendrait-elle achever par son glaive affûté la victime déjà affaiblie ? Il fallait qu'Emma s'y résolve.

Son avocat, lui, très confiant, la rassurait malgré tout. Il n'y avait aucune raison pour qu'elle n'ait pas la garde. Les manipulations subies, autant par elle que celles infligées à Louise allaient être reconnues.

Emma découvrit aussi à ce moment-là l'ensemble des témoignages rédigés. Sa belle-mère et son beau-père dressant d'elle le portrait d'une mère autoritaire et abusive. Des gens du village qu'elle ne connaissait même pas prenaient le parti d'Illario. Il avait réussi à convaincre toutes ses relations, usant sans aucun doute de son charme et de son bagout auquel Emma avait elle-même jadis succombé. En se victimisant bien évidemment aussi.

Tous les ingrédients y étaient.

En même temps, elle restait persuadée que le JAF[6] ne pourrait que constater les distorsions entre ses témoignages et ceux d'Illario. La famille d'Emma avait révélé avec une émotion non feinte la pression sournoise et l'emprise insidieuse dont usait son mari à son encontre, sans parler de son égoïsme, sa rigidité et sa froideur. Son indifférence et sa distance vis-à-vis de Louise.

Étant données les contradictions entre les différents témoignages, le juge ne pouvait être dupe. Il ne pourrait ignorer les mensonges et déformations, la partialité…

Maître Bernardo avait aussi demandé une expertise psychologique pour prouver l'aliénation parentale. La vérité éclaterait enfin et Louise pourrait être suivie.

Une heure après l'audience, Emma dut retourner au lycée.

Elle se convainquit qu'aller travailler ne pouvait qu'occuper son esprit. Elle était sur le point de faire une bêtise, loin de Louise.

Au lycée, ses collègues continuaient pourtant à l'éviter. Seule Cécile, professeure de mathématiques, la soutenait encore. Elle avait vécu par le passé un divorce difficile elle aussi et reconnaissait sa souffrance. Emma avait besoin de se confier. Elle lui relata le déroulement de l'audience et lui fit part des témoignages qu'elle avait découverts dans le dossier, notamment celui accablant de ses beaux-parents qui l'avait tant affecté.

Emma la vit soudain blêmir.

— Je ne voulais pas t'en parler, mais je crois que là il le faut…

Elle avait entendu des rumeurs de la part de Roger, le conseiller principal, selon lesquelles son mari aurait également allégué, lors de sa visite, qu'elle maltraitait sa fille. Elle lui avait conseillé de se protéger :

— Ton mari cherche vraiment à te détruire !

Emma eut l'impression de devenir folle. Cela n'aurait-il jamais de fin ? Elle peinait pourtant à y croire. Ça ne pouvait être vrai ! Impossible qu'Illario ait dit cela et impossible que ses responsables ne lui en aient pas parlé ! Impossible de surcroît que Viviane et Roger se soient permis de laisser courir une telle diffamation !

Elle avait toujours pensé pouvoir compter sur ses collègues, avait cru au beau discours du directeur sur la « grande famille » que constituait la « communauté éducative ». Elle savait pourtant aussi qu'elle pouvait avoir confiance en Cécile qui était un modèle de discrétion et d'intégrité. Il ne lui restait qu'une seule chose à faire, demander confirmation aux personnes concernées.

Emma prit le téléphone et contacta Roger. Elle lui expliqua les rumeurs entendues. Sa voix tremblait, elle était au bord du sanglot.

La réponse du conseiller principal fut surprenante : « Joker ! » lança-t-il. Un petit divertissement malsain alors qu'il était question de l'avenir d'une enfant.

Emma lui expliqua fermement que ce n'était pas un jeu et qu'elle voulait une réponse claire.

Illario avait-il oui ou non cité des faits de violence à l'encontre de sa fille ?

Roger lui raccrocha au nez, lui reprochant son énervement…

Emma passerait ensuite une heure dans son bureau puis plus d'un quart d'heure au téléphone avec son chef d'établissement. Cependant, ils n'en démordaient pas. Premièrement, c'était sa vie privée et ils ne voulaient pas en entendre parler. Deuxièmement, Roger lui répéta qu'il souhaitait « préserver la confidentialité de l'entretien » pour des raisons éthiques…

Emma dut leur rappeler leur devoir de citoyen. S'ils pensaient que ces propos diffamatoires étaient fondés, il était alors de leur devoir de faire un signalement pour protéger Louise. S'ils pensaient le contraire, il était aussi de leur devoir de dénoncer une supposée diffamation ! Roger répéta qu'il ne parlerait que dans le cadre d'une éventuelle procédure officielle, mais ne voulait toujours rien lui dire à elle. Cependant, pour qu'il soit entendu, il fallait un témoignage… Le serpent se mordait la queue ! De toute façon, la plainte était déjà classée.

Dans le même temps, le conseiller principal confirma pourtant à nouveau que les propos du père d'Emma nécessitaient le dépôt de plainte qu'elle avait pu faire…

Emma restait étourdie devant l'absurdité de la situation et le manque de soutien de personnes qu'elle pensait de confiance. Ses propres collègues et supérieurs…

Cela dépassait tout entendement. Elle tournait en rond. À moins que ce ne soit son cerveau qui déraille, pris une nouvelle fois dans un engrenage.

Elle devait donc encore se résigner à ce qu'Illario puisse venir ruiner sa réputation et sa carrière après avoir anéanti sa vie sans pouvoir ni s'en protéger, ni obtenir justice ! Elle ne parvenait à s'y résoudre.

En même temps qu'elle ouvrait les yeux sur sa condition durant ces neuf années, en même temps qu'elle voyait Louise s'éloigner, sa lucidité nouvelle sur le monde et les hommes la meurtrissait. Cela faisait trop d'un coup.

Comment poursuivre le travail dans de telles conditions ? Pourtant, Emma savait que sans ce lien social, elle ne pourrait continuer à lutter, à se battre pour Louise.

Mais comment transmettre désormais des valeurs humaines et citoyennes aux jeunes dans un établissement scolaire ou celles-ci étaient bafouées ? Où trouver l'énergie pour continuer le combat quand ses collègues de travail lui tournaient eux aussi le dos et en étant loin de Louise ?

Une cure de sommeil. Emma ne désirait que cela.

Pourtant, elle devait tenir pour Louise.

Elle refusait de tomber dans la spirale de la dépression qui l'entraînerait nécessairement loin de sa fille.

Elle continuait à s'accrocher, avec la rage du désespoir.

Un soir, en rentrant du lycée, le jugement fut rendu et le verdict tomba : Illario obtint la garde exclusive d'Emma. *L'enfant avait ses repères auprès de son père et la mère avait exacerbé le conflit avec son époux par ses dépôts de plainte injustifiés.* Thémis avait tranché.

La Terre s'arrêta de tourner.

Emma s'effondra et rejoignit en un instant ses ancêtres, injustement persécutés, dans le grand échiquier des victimes innocentes.

Comment faire comprendre au monde les mensonges d'un mari sournois et manipulateur qui, après lui avoir volé neuf années, venait de lui prendre son enfant ? Ne voyaient-ils pas, tous, qu'Illario utilisait sa fille pour se venger d'elle ?

Comment les services sociaux, les forces de l'ordre et de la justice qui détiennent les clés de votre avenir, de votre destinée pouvaient-ils rester aveugles et sourds devant les manipulations, l'abus psychologique et abandonner les victimes ?

Puisque personne ne la croyait, puisque personne ne pouvait la défendre, elle rétablirait la justice elle-même.

Ce soir-là à l'école, elle récupéra sa fille de force.

Les gendarmes intervinrent rapidement et lui enlevèrent Louise moins d'une heure après leur arrivée à l'appartement.

Emma passa la soirée en garde à vue dans une cellule de deux mètres carrés qui empestait l'urine et le vomi. Au petit matin, de retour chez elle, elle ingurgita tous les médicaments prescrits par son psychiatre. Plusieurs jours après, elle se réveilla à *Saint John's*, hôpital psychiatrique de la banlieue de Carcassonne où elle se trouvait encore.

---

[6] Juge aux Affaires Familiales

CHAPITRE 18

SAINT JOHN'S

Il a tenu son engagement. Je me réjouis telle une enfant. Une nouvelle chambre, digne de ce nom, fort éloignée de la cellule qui en faisait office jusque-là, m'est désormais attribuée à l'étage du dessous, sur décision du docteur Morlov.

Le bonheur se résume à si peu de choses à *Saint John's*. Quelle situation pathétique... !

Du mobilier occupe désormais l'espace. Une table de pin, une chaise assortie, une étagère sur laquelle je remarque immédiatement un livre. Je m'approche à petits pas pour consulter le trésor... Je découvre *Le Horla* de Maupassant, dans une vieille édition de 1908, comme la date l'indique.

Mon pouce effleure à peine la couverture jaunie, douce et fragile, caressant de sa pulpe le grain usé du papier. En revanche, l'illustration crayonnée en couverture me glace. Un homme épouvanté est en fuite devant un esprit maléfique qui le surplombe et vient l'envelopper de son corps tentaculaire. Les deux mains posées sur son crâne, le Horla semble aspirer l'âme tout entière de l'individu... Représentation fort bien imagée de la folie !

Je porte l'ouvrage à hauteur de mon visage, je prends le temps de respirer profondément cette odeur de vieux papier inimitable. Je m'enivre et m'ouvre au passé, faisant ressurgir tant de livres anciens feuilletés au fond d'un grenier ou d'une bibliothèque d'antan. Récits qui, enfant, m'entraînaient dans leur imaginaire, faisant naître une vocation.

Ce livre-ci, j'en devine l'origine : la bibliothèque particulière du docteur Morlov.

Quelle gentille attention !

Je tourne la première page et découvre une fine écriture calligraphiée : « Pour Emma. En espérant que ce récit ravive votre passion pour la lecture… »

Cette dédicace et ce cadeau me touchent. Que de prévenance à laquelle je ne suis pas habituée… !

Je continue de tourner les pages. Quelques lignes, découvertes au hasard dans le récit, attirent mon attention… *« J'ai passé hier une affreuse soirée. Il ne se manifeste plus, mais je le sens près de moi, m'épiant, me regardant, me pénétrant, me dominant et plus redoutable, en se cachant ainsi, que s'il signalait par des phénomènes surnaturels sa présence invisible et constante. »*

Un texte de circonstance… Je le referme vivement. Préférant le fuir.

Je continue mon exploration des lieux. Comme au ralenti. Ne souhaitant pas profaner la chambre qui vient de m'être offerte et savourant le plaisir de la découverte. Je n'en reviens toujours pas d'avoir quitté ma cellule froide et anonyme.

Sur le mur qui me fait face se tient une armoire que j'ouvre timidement. J'y retrouve avec joie des effets personnels. Mon jean préféré, un pull en cachemire que j'affectionne aussi et mes propres sous-vêtements. Je caresse du bout des doigts le duvet soyeux. Douce sensation oubliée.

Je poursuis ma prospection, en extase devant ces banalités, et découvre une autre porte qui m'avait échappé en pénétrant dans la chambre tout à l'heure. À gauche, juste à côté de la porte d'entrée.

J'actionne la poignée et découvre une salle de bain, propre et carrelée.

Des toilettes, un lavabo, une douche et quelques affaires de toilette, gel douche, shampooing, brosse à dents, dentifrice et même une brosse à cheveux. Le luxe !

— Votre chambre vous plaît ?

Je sursaute avant de réaliser que ce n'est que le docteur Morlov que je n'avais pas entendu entrer. Il se tient devant la porte de la salle de bain, les mains croisées derrière le dos, dans l'attitude décontractée que je lui connais désormais.

— J'ai du mal à réaliser ! Ça fait du bien…

Il sourit, dévoilant deux belles rangées de dents blanches.

— J'ai découvert aussi *Le Horla* sur l'étagère…

Accompagnant le geste à la parole, je désigne du doigt le livre à la couverture jaunie afin de me donner une contenance.

— Cela me touche beaucoup. Je vous remercie, docteur…

— Un premier pas vers autrui et, je l'espère, le déclic qui vous permettra de tourner définitivement la page sur votre passé, Emma…

Le silence se prolonge vaguement puis je l'entends me demander :

— Prête pour la séance d'aujourd'hui ?

— Je suis prête…

Je le suis jusqu'à son bureau comme j'ai coutume de le faire désormais.

Deux heures d'échange avec Morlov et me voici de retour dans ma chambre.

Le charme est pour l'instant rompu, comme après chaque séance d'introspection.

Comme le psychiatre me l'a expliqué, il m'a poussée dans mes retranchements pour me faire oublier ma haine et mon sentiment de révolte, premier pas vers ma guérison, m'a-t-il dit.

Je m'assieds sur le lit, déstabilisée, les mains jointes et le regard dans le vide.

Mais cela fait aussi partie de la thérapie. Apparemment.

Les paroles de Morlov me reviennent en mémoire : « se remettre en cause est une violence nécessaire. »

Une nouvelle fois, il m'a demandé de relater les étapes de mon départ et en a tiré des conclusions évidentes. Il faut que je cesse de me victimiser continuellement et me dois d'accepter ma part de culpabilité et de responsabilité si je veux aller de l'avant.

Je ressasse ses paroles : « La société n'est pas coupable de tous les maux. Votre mari encore moins. C'est une attitude défensive classique de la part des dépressifs que de chercher des coupables ailleurs pour éviter d'avoir à affronter leurs propres démons... »

Il me reproche de fuir mon passé, de ne même plus pouvoir parler de Louise.

Il me reproche de me créer une nouvelle existence à *Saint John's* et de ne pas vouloir regarder la vérité en face.

Et il a raison. Je suis incapable d'accepter les faits qui se sont produits. Je préfère oublier.

Est-ce normal ? Je ne sais pas.

Je ne sais plus.

Mon esprit s'embrouille. C'est vrai aussi que j'ai l'impression quelquefois de sombrer dans des délires, de devenir folle. Mes capacités de raisonnement sont alors réduites à néant.

Je doute de tout.

De mes facultés cognitives. De mes proches. De la société tout entière.

Et si tout était de ma faute ?

Si j'étais vraiment perturbée ?

Hystérique ?

Schizoïde ?

En tout cas dépressive, sur ce point Illario avait raison.

Je chasse mes doutes sans pouvoir toutefois occuper mon esprit autrement. Là aussi, Morlov m'a pourtant donné les clés. L'ennui permet d'affronter nos peurs les plus profondes. Il est vain de nous reposer sur nos proches. Rien ne sert d'égarer notre esprit dans des divertissements, artefacts nés de notre mauvaise conscience. Il faut avoir la force de sonder notre âme et ne pas fuir nos démons intérieurs si l'on veut espérer pouvoir les vaincre.

Je l'entends encore m'expliquer : « On ne peut vaincre un adversaire invisible ».

Il a raison. Ses propos me paraissent limpides, mais cela ne suffit pas.

Malgré ses conseils, je ne me sens pas prête. Il me faut penser à autre chose pour libérer mon esprit de cet étau dévastateur. Je me lève brusquement de mon lit comme si par ce geste soudain je pouvais laisser derrière moi mes fantômes.

Mais où aller et que faire ?

Mes yeux se posent à nouveau sur *Le Horla*. Lire me permettra peut-être d'oublier…

Je m'empare du vieil exemplaire, parcours les illustrations et me plonge dans ce récit que je n'ai pas relu depuis l'adolescence. Dès les premières pages, cette histoire a des résonances particulières en moi. Cet homme me semble familier.

Ses questions m'interpellent. Ses peurs sont les miennes. Ses doutes m'appartiennent.

Je connais ce démon qui nous ronge, cette sensation étouffante de perdre la raison, ne sachant si la cause est en nous ou hors de nous… Une lente agonie qui dévore l'âme, jusqu'à la solution finale, la libération ultime : le suicide.

Était-ce ce que Maupassant ressentait également à l'aube de la folie au point de façonner un personnage aussi névrosé ?

J'ai moi-même toujours été attirée dans mes lectures par ces poètes maudits et autres écrivains tourmentés qui exercent sur moi une irrésistible fascination et accompagnent mes peurs profondes.

Sorcières, cathares et hérétiques venus également remuer mon inconscient.

D'où me viennent ces passions si lugubres ?

D'où me viennent ces visions intérieures ?

Quelle est cette peur que je n'ose affronter ?

Quelle réalité ai-je enfouie au plus profond de moi si bien que je n'ai le courage d'y faire face ?

…Quel terrible secret à cacher ?

Je referme le livre brusquement, irrésistiblement attirée par la couverture. J'observe l'homme épouvanté et me confronte une énième fois à la folie personnifiée qui plonge son regard noir dans le mien.

Emma, es-tu sûre de vouloir connaître la vérité ?

CHAPITRE 19

HAUTE-NORMANDIE

Du haut de la falaise d'Étretat, Hélène, vingt ans, belle, intelligente – la vie devant elle, aurait-on pu penser – prit le temps de savourer l'immensité de la mer déchaînée en cette nuit de pleine lune. Elle observait les vagues qui déversaient leurs sombres rouleaux d'écume venant s'écraser sur la paroi rocheuse.

Le célèbre roc semblable à un iceberg de craie blanche était assombri ce soir-là par la nuit et déchirait la surface de l'océan de sa dent acérée. La masse de l'aiguille se perdait ensuite dans les fonds sous-marins, emportant avec elle ses secrets.

Combien de vies ainsi dérobées ? Combien de mystères jamais percés engloutis dans les profondeurs océaniques ?

Le tableau de Monet se superposa imperceptiblement à sa vision pour se substituer bientôt au paysage dans sa conscience. Elle se rappelait, sur la toile, la masse rocheuse noirâtre qui déchirait la mer de sa présence fantomatique et l'ombre embrasée du soleil couchant.

« Ce seront mes derniers souvenirs », se dit-elle.

Elle regardait son passé se dévider sous ses yeux, au rythme du reflux, constatant froidement qu'il est bien vrai que l'on voit sa vie défiler lorsque l'on est sur le point de la perdre... Et ces voix, toujours, qui s'entrechoquaient dans sa conscience, impossibles à démêler et à canaliser.

Il fallait que les voix se taisent, ces voix qui hantaient ses nuits et ses journées. Elle avait bien essayé de construire des remparts autour d'elle. Une enceinte assez solide pour la protéger de la folie qu'elle sentait poindre, mais elles s'immisçaient toujours dans son cerveau pour la dévorer encore davantage.

Et cette peau. Trop fine… Si fragile.

Elle rêvait d'une armure, d'une boîte crânienne hermétique aux sons extérieurs.

Au fond d'un gouffre, au plus profond des abysses, emmurée vivante, les voix finiraient-elles par l'oublier et le monde de l'écorcher ? Hélène cesserait alors peut-être de se dissoudre en elles et renaîtrait à sa propre conscience.

Elle allait sauter et mettre fin à son calvaire trop long. Elle se voyait déjà avancer le pied dans le vide, comme suspendue entre ciel et mer. Contrairement à ce qu'il advenait dans ces romans dont les titres lui échappaient désormais, aucun inconnu ne viendrait l'arracher *in extremis* à son inéluctable destin, au bord du précipice, pour donner un autre sens à sa vie.

Non, cela ne se passait que dans les livres… Dans la vraie vie, les suicidaires s'explosent au bas de la falaise sans seconde chance. Et c'était tant mieux, songea-t-elle.

Car que ferait-elle d'une seconde chance ?

Une seconde chance ferait-elle taire sa mauvaise conscience et ses idées noires ?

Une seconde chance rachèterait-elle l'échec de sa vie ?

Longtemps, elle avait cru que le problème venait des autres.

De son oncle qui l'avait agressée, lui dérobant son enfance en même temps que son corps.

De son mari qui avait agi avec elle comme avec une marionnette pour satisfaire des désirs égoïstes.

De ses amis qui s'étaient évaporés quand elle en avait le plus besoin.

Il lui avait fallu des années pour accepter que son cerveau lui jouait un tour tordu. Tout un cheminement au cœur de la maladie. Il était plus facile de vouloir expliquer ses délires pour qu'ils aient un sens, notamment en leur trouvant une source extérieure. C'était moins traumatisant et cela faisait moins peur que de se dire qu'il n'y avait pas d'explications, que c'était juste son cerveau qui dysfonctionnait. Il lui avait fallu des années de thérapie pour finir par comprendre. Comprendre, mais pas accepter.

Et encore moins vivre avec sa schizophrénie.

Avant de franchir la ligne, elle pensa à son arrière-grand-mère recluse en maison de retraite. Quatre-vingt-quatorze ans, en bonne santé, mais un cerveau qui ne lui permettait pas à elle non plus de savoir où elle était, ni même qui elle était.

Quelle différence avec sa propre existence à part le nombre des années ?

Cette dernière pensée fut décisive. Elle leva le pied droit dans le vide. Le vent qui soufflait en rafale la déséquilibrait. Ce serait peut-être encore plus facile s'il la faisait chavirer par inadvertance, s'il venait la prendre par surprise, au moment où elle ne s'y attendait pas, entre deux pensées confuses…

Mais non ! Elle ne laisserait pas une présence extérieure décider à sa place.

Si seulement elle savait…

Elle ferma les yeux.
Sa chute dura l'éternité.

CHAPITRE 20

SAINT JOHN'S

— Docteur, il faut que vous m'aidiez. J'ai l'impression de devenir folle…

Morlov me fixe de son air énigmatique. Sourire qui n'en est pas un.

Regard vide.

Peut-être est-il las de moi et de mes phobies ? Cette seule idée me met en émoi. Quelle horrible pensée ! Je me raccroche à lui comme à une bouée.

Je n'ai pas réussi à trouver le sommeil depuis plusieurs jours.

Combien exactement ? Je ne sais même plus.

Chaque nuit me dévore avec ses cauchemars répétés ou cette impression d'être observée. Même sous la douche, ce regard invisible pèse sur moi et adhère. Impossible d'y échapper. L'angoisse m'étreint.

Je suis trop faible aussi pour goûter à la saveur amère des souvenirs lointains. Pas non plus le courage de descendre dans la salle commune. Je n'ai plus rencontré Lucie et Fabien depuis une éternité, je crois.

Que font-ils ?

Peut-être ont-ils eu la chance d'être enfin libérés de cet enfer. Je l'espère pour eux en tout cas. Pour ma part, l'enfer est niché dans mon crâne.

Étrangement, depuis que je suis dans ma nouvelle chambre, je m'y enferme plutôt que de m'ouvrir davantage au monde.

Seuls les souvenirs de mes neuf années de vie conjugale refont surface. Neuf années de soumission domestique. À moins que ce ne soit moi qui l'aie souhaité. Pour mieux m'en plaindre ensuite.

« Même ta fille ne veut plus de toi », siffle la voix pernicieuse.

Je fixe Morlov droit dans les yeux. L'implore.

Lui me regarde toujours attentivement. Impossible de savoir ce qu'il a dans la tête à ce moment précis. Impossible d'espérer déchiffrer la moindre de ses pensées.

— Emma, pour pouvoir vous aider, il faudrait que vous soyez dans un état qui le permette. Or, vous êtes sous influence.

Je le dévisage à nouveau. Sous influence ? Qu'entend-il par-là ? Quelle influence ?

Les plus folles des hypothèses traversent mon esprit. Étincelle qui déclenche une avalanche de questions.

Possession ? Autre manipulation ? Folie ?

Je refuse de réfléchir davantage et m'en remets désespérément à lui. J'ai besoin de comprendre, d'avoir une explication à ce mal qui me dévore. Rester dans l'incertitude, l'angoisse, le questionnement permanent me ronge. Je suis prête à tout entendre désormais, pour peu d'avoir des réponses.

J'ai besoin de réponses.

Je veux des réponses.

— À quoi faites-vous allusion, docteur ?

Il poursuit du même air énigmatique :

— Êtes-vous certaine de vouloir le savoir ?

— Bien sûr que je veux savoir pourquoi je suis dans cet état !

Mon ton est beaucoup plus agressif que je ne l'aurais souhaité.

— Alors, commencez à vous interroger sur ce type de réactions virulentes que vous avez lorsque l'on vous contrarie.

La sentence est imparable. Le refrain d'une chanson trop sombre, remonte jusqu'à moi. Je m'y noie…

…Mes nuits sont longues dans un autre monde, les murs se referment sur moi, si je tombe, je ne me relève pas, figé dans l'ombre rien n'est tel que l'on voit[7]…

La fuite n'est qu'un refuge fugitif, je le sais bien, mais je ne peux lutter. Morlov m'a prise en faute et je ne me résous pas à ces failles tellement prévisibles. Il est vrai que j'ai toujours eu le plus grand mal à canaliser mon émotion lorsque celle-ci me submerge. C'est la raison pour laquelle je ne répondais pratiquement jamais à Illario lors de ses attaques psychologiques sournoises, car je savais que, dans le cas contraire, je m'emportais trop facilement et il avait maintes fois eu l'occasion de me le faire remarquer.

Toutefois, aucune réponse ne me vient. Le mutisme survient, comme toujours dans ces situations-là. De longues minutes s'écoulent avant que Morlov ne reprenne la parole.

— Peut-être pourriez-vous commencer par me raconter vos rêves ?

Mes rêves ? Oh mon Dieu ! Je m'échine tellement à les évacuer à chaque réveil. Il ne m'est guère concevable de fouiller de ce côté-là.

Recroquevillée en boule dans le fauteuil, mal à l'aise, je ne peux résister à cette envie irrépressible. Celle de me grattouiller le front. Nerveusement.

Je me réfrène à temps. Pas jusqu'au sang, cette fois-ci !

Morlov arpente son bureau à pas lents, les mains croisées dans le dos. Il s'arrête près de la fenêtre et observe l'extérieur. Je tente de me concentrer sur lui pour ne pas avoir à réfléchir, mais les questions m'assaillent à nouveau.

Il me faudrait donc évoquer les intrusions, les observations, les menaces ressenties ?

Cela me semble impossible d'accès…

Pourtant, qui hormis Morlov peut me venir en aide ?

Pourquoi alors lui cacher mes pensées, même les plus intimes ?

Je sais bien que je les fuis sciemment. Au moins, lui, pourra peut-être me donner la clé pour les déchiffrer et la force d'y faire face.

— Vous croyez vraiment que parler de mes rêves a un réel intérêt ?

J'emplis le vide comme je peux, espérant gagner du temps.

Du temps sur quoi ? Pour quoi ? Pourquoi… ?

— Non, cela ne relève pas de la croyance mais de la certitude !

Il m'a répondu d'un ton presque agacé avant d'ajouter, en se tournant vivement vers moi et en me dévisageant :

— N'avez-vous jamais lu Freud, Emma ?

— Si, bien évidemment. Mais cela remonte à un passé lointain…

Je baisse les yeux.

— Vous n'êtes donc pas sans connaître le b.a.-ba de la psychanalyse. Les rêves ne sont que l'expression d'un désir refoulé, poursuit-il d'une voix lente presque envoûtante. Ils sont des symptômes. Si vous voulez guérir, Emma, il vous faut aller au-devant de votre inconscient. Et le rêve est la porte cachée de l'inconscient qui se traduit en lueurs fugaces qu'il faut juste apprendre à percer. Certes, son contenu nous est donné sous forme de hiéroglyphes ou de rébus. Mais ils recèlent nos désirs et nos peurs et peuvent révéler des facettes méconnues de nous-mêmes. Je peux vous aider à les traduire, pour peu que vous soyez dans le bon état d'esprit et prête à vous livrer à l'exercice.

Le bon état d'esprit ? Je n'en sais rien. Mais qu'ai-je à perdre ? Que redouté-je ?

Je respire profondément et m'aventure sur le chemin courbe, en évitant de réfléchir.

— Cette nuit, j'étais à la piscine avec ma fille, Louise. Une piscine municipale couverte. Bondée. Les éclats de rires des enfants couvraient les clapotis de l'eau et résonnaient sous la coupole vitrée. Brusquement, tout s'est passé comme dans un film. Au ralenti… Des hommes sont entrés, tout habillés et nous ont rapidement encerclées… J'ai perdu la notion du temps, comme enfermée dans une bulle. Ils avaient des armes. Impossible de leur échapper. En un instant, nous nous sommes retrouvées avec des électrodes sur les tempes… Ils nous envoyaient des décharges électriques… Petit à petit, je sentais mon esprit se vider… Je ne sais combien de temps cela a duré. Une éternité pour moi. Pourquoi nous faisaient-ils subir cela ? Je l'ignore. Apparemment par pure méchanceté. Un acte terroriste barbare. Soudain, j'ai aperçu des silhouettes armées de l'autre côté de la porte vitrée qui donnait vers l'extérieur. Un groupe d'intervention au vu de leurs uniformes. Nos agresseurs discutaient entre eux. Quand j'ai compris que l'assaut allait être donné, j'ai attrapé Louise et j'ai couru en direction de la porte. J'ai entendu des coups de feu… C'est à ce moment-là que je me suis réveillée.

Silence.

Je garde les mains jointes et fuis le regard de Morlov.

Pourquoi ne répond-il rien ? Qu'en pense-t-il ?

Les secondes s'étirent qu'il brise en maître du temps :

— Aviez-vous déjà fait ce type de rêve, Emma ?

D'autres rêves, ou plutôt cauchemars affleurent à ma conscience. Dois-je tout lui raconter ? Me mettre à nue. Fragile. Ne va-t-il pas me prendre pour une folle ? En même temps, n'est-ce pas la raison pour laquelle je suis là ?…

— J'ai souvent l'impression d'être observée, traquée, poursuivie…

Nouveau silence.

— Observée, traquée, poursuivie et des électrodes qui viennent altérer vos pensées et votre mémoire… Hum…

Ses yeux restent braqués sur moi et me désarme. Je garde les miens fixés au sol puis sur *Le cri* de Munch qui tapisse le mur derrière

183

lui, évitant soigneusement d'avoir à l'observer. Le psychiatre le remarque certainement.

— Quelle interprétation en faites-vous, Emma ?

Je ne réponds rien.

— Regardez-moi, Emma, dit-il en haussant légèrement le ton et en détachant sciemment chacune des syllabes. Que pensez-vous exprimer ? Que redoutez-vous lorsque vous vous sentez traquée ? Quel aspect de votre personnalité cela révèle-t-il selon vous ?... Car il est question de vous, bien évidemment. Ne l'oubliez jamais. Les réponses sont en vous.

Les réponses en moi ? Si j'avais moi-même la solution, je n'aurais pas besoin de son aide… Que veut-il dire par là ?

— Je vous conseille simplement d'y penser d'ici notre prochain entretien. Demain, 15 h. Demandez-vous ce que signifie selon vous ce sentiment de persécution…

Je quitte son bureau fébrile, retournant dans ma tête son énigmatique question.

Que signifient mes rêves ? Quelle obscure pensée refusé-je de m'avouer ?

L'esprit occupé par ces interrogations dévorantes, je parcours les dédales de couloirs.

Je marche trop vite. Voile noir devant les yeux. Malaise qui guette.

La panique commence à monter. Sensation que je ne connais que trop bien.

Je ralentis. M'adosse à un mur. Tente de contrôler ma respiration haletante. Reprends mon errance absorbée.

J'ai peur.

Que penser de tout cela ?

Il faut que mon esprit s'ancre dans la réalité. Le carrelage aux motifs répétitifs me rassure. Étrangement familier.

Ma déambulation machinale me conduit jusque dans la cour.

Surprise par l'air frais venu exciter mes narines, je reviens à un état de conscience. Le soleil m'éblouit, bien trop agressif. Presque accusateur.

Soudain, un patient m'accoste, avec ses joues creuses et ses cheveux blanchis certainement prématurément.

— Bonjour belle marquise. Voulez-vous être ma dame ce soir ?

Ses petits yeux curieux me dévisagent tandis qu'il ricane. Il me fait une révérence et tente de saisir ma main. Je la retire et la cache derrière mon dos, prise d'une nouvelle angoisse. Cet établissement est peuplé de héros chimériques, schizophrènes qui se cherchent une identité dans un rôle d'emprunt, souvent épique. J'aurais pu en rire si je n'étais pas si fragile et si cette folie ne me renvoyait pas à la mienne.

Est-ce possible que je sois aussi malade qu'eux ? Pourquoi m'aurait-on enfermée ici dans le cas contraire ?

J'observe à nouveau le schizophrène. Mon attitude l'a apparemment dissuadé de persévérer, il interpelle déjà une autre damoiselle en bas des marches du perron, dévalant les degrés de son pas sautillant.

Je prends le temps de respirer profondément, je lève les yeux. Le calme revient. De cette terrasse que je n'avais encore jamais rejointe jusqu'à aujourd'hui, je surplombe le jardin de *Saint John's*.

Un grandiose labyrinthe végétal s'offre à mon regard. Belle architecture naturelle.

C'est un jardin baroque découpé par des allées alambiquées enchevêtrées les unes dans les autres et savamment structurées par des bosquets taillés en pointe dont la flèche fière semble vouloir rejoindre le ciel. Des allées dans lesquelles déambulent quelques aliénés égarés.

Quel fil d'Ariane les guide ? Quel architecte fou a eu l'idée d'égarer encore davantage ces pauvres fous dans des méandres aussi tortueux

185

que leur cerveau malade ?

Cet aménagement retors m'arrache toutefois un sourire désabusé. Quel drôle d'humour ! À moins que ce ne soit mon esprit torturé qui génère fiévreusement la métaphore équivoque. Pure déformation professionnelle, peut-être ?

Suspendue en apesanteur entre ma conscience et la réalité, je redoute d'affronter mon passé.

J'ai tendance à voir le mal partout…

Le mal partout ?

Le décor semble vaciller tout autour de moi et le malaise m'étreint à nouveau alors que je me répète cette dernière évidence : « je vois le mal partout… ! »

Interrupteur à nouveau actionné dans mon cerveau. Le déclic sonore me fait sursauter.

Ne serait-ce pas là la clé de ma folie… ?

La vérité est sur le point d'être révélée. Il me faudra y faire face ou fuir.

Encore.

Mais il est trop tard désormais pour fuir. Ce mot simple que ma chair nourrit depuis trop longtemps déjà et qui me dévore lentement explose soudain dans mon crâne.

Un petit mot de sept lettres qui agit comme un couperet.

Une révélation terrible.

« P-A-R-A-N-O-I-A… »

C'est bien ça ! Cette voix dans la tête qui me crie que tout le monde est contre moi...

Emma, quelles indicibles angoisses refoules-tu encore ?

---

7 Chanson « Cauchemar » de Marie-Mai

CHAPITRE 21

TOULOUSE

À des kilomètres de là, l'immeuble, « le dernier refuge » comme l'avaient baptisé ses occupants, se dressait tel un colosse d'argile dans la banlieue toulousaine. On ne pouvait manquer sa carcasse ravagée. Une façade décrépite, des volets arrachés ou branlants, des carreaux cassés et des tuiles brisées. Le bâtiment se résumait à trois étages de misère et de désolation ignorés du plus grand nombre.

La ville rose aux murs grisâtres dans ce quartier laissé à l'abandon n'abritait plus que des marginaux ou des artistes incompris. Des migrants. Quelques étudiants sans-le-sou. On les retrouvait à tous les étages de cette sordide tour de Babel. Des destins brisés par la violence, l'alcool, les aléas de la vie, tout comme par les défaillances du système.

À peine le rez-de-chaussée franchi, des relents d'excréments annonçaient la couleur par l'odeur. Une odeur acide et rance qui vous reste au fond de la gorge. L'impression putride se confirmait sur les murs, des *graffs* plus lugubres les uns que les autres venant habiller les parois de leur présence glauque ou obscène. Crâne momifié, Poignard menaçant un fœtus, phallus énorme jaillissant des entrailles d'une femme nue hurlant... Des images plus violentes les unes que les autres pour percer des cauchemars intimes.

En gravissant les escaliers, les sombres et crasseuses traînées sur les murs permettaient de suivre les occupants à la trace, tout comme les carcasses de bouteilles qui jonchaient les marches. À chaque niveau, des appartements délabrés baignaient dans l'obscurité avec pour seul mobilier des canapés défoncés ou des matelas tachés jetés à même le sol, au milieu d'aiguilles et de seringues usagées, de cuillères brûlées, de déchets ménagers. De cette noirceur, une paire d'yeux, un visage crevassé émergeaient quelquefois. Ou bien une ombre décharnée. Quarante à cinquante personnes, anonymes et de tout âge, se consumaient, dans ce squat sans eau ni électricité.

Au troisième étage, au fond du couloir sombre, un dernier appartement. C'était le seul chemin qu'empruntait encore Déborah et qu'elle avait aussi parcouru ce soir-là, avant son ultime voyage.

Les volets étaient clos. Les cloches de *Notre Dame* vinrent rompre le silence de mort qui recouvrait le quartier. Le tintement parut presque faire vaciller la flamme d'une bougie qui se consumait au milieu de la pièce. Une bougie sur le point de s'éteindre. Une bougie perdue au milieu de détritus, de mouches et d'objets hétéroclites comme cette bible à moitié dévorée par les rats.

Au fond de l'appartement, la jeune femme d'à peine vingt-sept ans n'était qu'une vague silhouette émaciée. Vêtue de haillons, joues creuses. Elle était vautrée sur une couverture maculée de sang et de vomi séché.

Rien n'aurait pu laisser deviner que c'était une étudiante en médecine. Ou plutôt ancienne étudiante avant sa chute. Un effondrement vertigineux marqué par ce viol qui l'avait détruite deux ans auparavant. Elle aurait pu déposer plainte mais, déjà fragilisée, elle n'en avait pas trouvé la force, culpabilisant même d'avoir peut-être un peu trop aguiché son violeur. Prisonnière du passé et sans futur. Elle s'était claquemurée dans un mutisme irréversible, seulement entrecoupé de piqûres d'héroïne, de plus en plus fréquentes.

Des mains s'étaient tendues qu'elle n'avait pas eu l'énergie de saisir. Vidée et détruite.

Elle s'était peu à peu laissée dépérir et était désormais à bout de course. La mort était son unique espoir, celui d'une délivrance efficace et définitive.

Ce soir-là, une ultime force insoupçonnée la guiderait pour pousser le piston qui lui injecterait sa dernière dose. Celle qui lui serait fatale et l'arracherait enfin à son présent sans avenir.

Peut-être, au bout du voyage, dans un autre monde ? …

Qui sait ?

CHAPITRE 22

SAINT JOHN'S

Dans son bureau pour une énième consultation, Morlov me félicite pour mon début de lucidité. Pour ma part, je suis toujours en panique depuis ma révélation de la veille.

— Maintenant que le pas est franchi, on peut éventuellement tenter une véritable thérapie. Emma, je pense que vous êtes enfin prête pour une séance d'hypnose. Vos résistances intérieures proviennent d'un conflit entre conscient et inconscient. Vous avez déjà fait tomber une barrière. L'hypnose pourrait vous aider à réduire encore votre censure interne.

L'hypnose ? Je n'y ai jamais songé.

Ce que je viens de découvrir sur moi me brise. Incapable de penser davantage.

Je ne peux aller plus loin dans ma prise de conscience comme Morlov me le reproche très justement.

« Et pourtant, la clé est là », me répète-t-il encore.

— Il faut accepter de faire sauter le verrou, ouvrir la porte et ne pas occulter les détails pénibles de votre passé. Si vous parvenez à faire ressurgir la vérité, vous serez libérée Emma, purgée…

M'en remettre à lui est la seule solution. Quoi que je découvre, au moins il sera là pour m'épauler et m'aider à dépasser le chaos.

Ma décision est prise. J'acquiesce du bout de lèvres, une sourde angoisse déformant mes traits à mon insu.

— Je veux bien essayer une séance…

Morlov laisse échapper un sourire satisfait.

— Très bien Emma. Dans ce cas, installez-vous là.

Il me désigne l'immense pouf en forme de poire.

Je m'exécute.

Un drôle de rictus déchire son visage l'espace d'une seconde. Puis il sourit à nouveau.

— Avant de commencer, je vais vous demander de faire le vide en vous, d'essayer d'écarter toute pensée et de vous laisser seulement gagner par le sommeil.

…Grâce à l'accompagnement de ma voix, vous allez être amenée à faire abstraction de la réalité environnante, à lâcher prise, de manière à laisser ressurgir des actes psychiques inconscients, solidement enfouis dans votre mémoire.

…Vous pouvez commencer par fermer les yeux… poursuit-il de sa voix posée. Vous vous détendez et relâchez tous vos muscles… Vous sentez votre corps léger et lourd à la fois…

Ainsi installée, ma tête bascule légèrement en arrière et c'est tout naturellement que je clos mes paupières, me laissant uniquement guider par la voix du médecin. Enfin confiante et abandonnée.

Me vider la tête. Je ne désire que cela.

Très vite, une sensation de bien-être m'envahit. Je me sens légère. Presque sereine, ce qui ne m'était pas arrivé depuis des mois. Des années ?

Le sommeil me gagne peu à peu.

— Vous respirez profondément et sentez l'oxygène entrer en vous. Un air marin peut-être… Frais. Iodé…

…Vous êtes sur une plage, allongée sur un drap de bain et vous vous laissez bercer par le roulis des vagues… Le flux et le reflux rythment votre sommeil.

191

…Au-dessus de vous, les mouettes rieuses accompagnent le mouvement des vagues et le soleil vient réchauffer votre serviette colorée puis votre peau dorée d'une douce chaleur diffuse. Vous prenez le temps de goûter à ce doux contact. Voluptueux. Vous vous fondez dans les dunes et une légère brise maritime vient vous envelopper, délicatement. Vos narines s'ouvrent grand et perçoivent l'air marin qui vous revigore…

…Doucement, lentement, vous redressez votre buste puis vous vous relevez entièrement. Le vaste océan se déploie sous vos yeux…

…Prenez le temps de savourer l'ensemble, de vous abandonner au vaste tout…

…Au bout d'un instant, vous tendez votre jambe. Vous sentez votre pied droit qui se pose sur le sable chaud et vous vous dirigez vers le rivage…

…Vos orteils s'enfoncent dans le sable à chaque pas, épousant les grains jusqu'aux chevilles, à chaque enjambée. Il fait chaud. Une chaleur sereine…

…Vous avez désormais atteint la rive et les premières vagues viennent vous caresser. Le contact de l'eau vous revigore. Vous inspirez paisiblement et savourez la sensation de fraîcheur sur votre peau chaude…

…Petit à petit, vous pénétrez tout entière dans l'eau… Votre corps est totalement immergé. Vous vous allongez sur le dos et vous vous sentez flotter, le soleil caressant la surface de l'eau et votre corps se laissant porter par les vagues qui ondoient. Le ciel semble s'ouvrir. Vous vous baignez dans les nuages. Et vous vous abandonnez à l'ondulation au creux de l'océan…

Très vite, je me suis laissé emporter par la douce torpeur et le vaste océan. Oui… Je savoure cette sensation voluptueuse alors que mon esprit se vide totalement, comme aspiré par l'immensité.

Je plane, surplombe mon propre corps flottant sur l'océan qui se déploie sous moi. J'aperçois, au-delà, le lit de sable puis les villes environnantes.

Les maisons minuscules s'étendent à perte de vue, aussi petites que des fourmis. Les reliefs escarpés forment d'infimes monticules nichés au cœur de la garrigue. C'est alors que je distingue l'aiguille acérée que je reconnais immédiatement et à ses pieds un petit mas.

Ton petit mas, Emma.

Le vois-tu enfin ?

Tu déroules lentement le fil d'Ariane qui te conduit au cœur du labyrinthe de ton cerveau. Dans les recoins de ton esprit. Ceux que tu n'explores jamais, Emma.

La vérité s'affiche désormais avec une telle certitude que tu ne peux plus la nier. Tu laisses enfin exploser tous les verrous et les souvenirs se libèrent. Un flot grossi par des années de silence et d'inhibition et qui t'emporte avec lui.

Tu te penches un peu plus et tu aperçois Louise qui joue dans la cour de la ferme.

Illario débite du bois à la tronçonneuse. Le soleil fait luire sa peau qui ruisselle de sueur. C'est l'été. L'insouciance des vacances. Mais aussi la chaleur qui écrase tout sur son passage…

Sous cette canicule, un cerveau malade ne trouve pas le repos.

Par une fenêtre du rez-de-chaussée, une femme.

Te reconnais-tu enfin, Emma, dans ta cuisine ? À regarder à travers la vitre. Regard fixé dans le vide.

L'esprit visiblement occupé. Sadiquement occupé.

Un plan machiavélique que tu échafaudes.

Le comprends-tu à présent, Emma ?

Tu rumines, spécules, calcules. Tu songes à la manière la plus efficace de pousser ton époux hors de lui, le faire sortir de ses gonds, le conduire à la faute.

Ta distraction quotidienne. Ton petit plaisir pervers.

Tu imagines aussi des scénarios sexuels libidineux que tu l'obligeras à accomplir dans l'intimité de votre chambre. Et tu te poseras ensuite en victime.

Et tu geindras. Pour l'épuiser. L'éreinter. Le vider.

Quel scénario charmant, n'est-ce pas ? Combien de temps tiendra-t-il avant de perdre la raison, Emma ? Combien de temps avant de pouvoir le détruire tout à fait ?

Tu sais tout maintenant.

L'indicible vérité se tient là, face à toi.

Minotaure de mauvais augure qui te vivifie.

Tu te repais de scénarii paranoïdes et tu as tout fomenté dans ton esprit malade. Pauvre folle !

Tu le vois bien à présent.

Qui est véritablement pervers ?...

Veux-tu guérir, Emma ?

Le peux-tu encore ?

Ou souhaites-tu te vautrer à nouveau dans cette fange qui t'a toujours nourrie ?...

CHAPITRE 23

LASTOURS

À sa table de travail à laquelle il avait l'habitude de peindre ou d'écrire, une tasse de thé au jasmin à ses côtés et une cigarette roulée de tabac blond en main, Alexandre s'efforçait de goûter à la sérénité, mais ne parvenait à retrouver le repos de l'âme depuis qu'il savait qu'Emma avait été internée à *Saint John's*.

Il avait immédiatement cherché à rentrer en contact avec elle lorsqu'il avait eu connaissance de son geste désespéré. Cependant à l'HP, les réponses étaient à chaque fois les mêmes :

« Madame Morelli n'est pas en état de recevoir de visites » ou bien « Tout contact est déconseillé pour le bon rétablissement de madame Morelli » ou encore « On ne donne aucune information à des inconnus. »

Les mois avaient filé, puis une année entière, dans une attente trop longue. L'inquiétude le gagnait, même s'il avait foi en Emma. Il la savait assez forte et intelligente pour affronter ces épreuves. En revanche, il ne faisait pas confiance aux médecins, et encore moins à ceux d'un hôpital psychiatrique. Il savait qu'ils allaient l'abrutir de leur jargon pédant et nocif. « résilience », « refoulement » et autre « traumatisme d'enfance », mais aussi de leurs dangereux psychotropes. Il espérait qu'elle serait assez maligne pour ne pas les ingurgiter et qu'elle saurait faire la part des choses dans le discours

195

des médecins, ne se fiant qu'à son propre entendement. Cependant, le temps qui s'étirait à n'en plus finir était de mauvais augure.

Durant ces deux longues années déjà écoulées, une des anciennes élèves d'Alexandre, Jenna, désormais étudiante en philosophie, était venue briser sa solitude d'ascète. Elle avait repris contact avec lui par mail afin d'obtenir quelques conseils pour la réalisation de sa thèse sur « le corps fantasmé ». Cette intrusion dans sa vie spartiate l'avait tout d'abord contrarié, puis il s'était finalement résigné à l'inviter pour lui donner son point de vue sur le sujet.

Elle l'avait rejoint chez lui un matin de mai et sa volubilité excessive lui avait presque fait regretter son invitation. Pourtant, cela faisait des mois qu'il n'avait pas eu une véritable discussion et il devait le reconnaître, il prit finalement plaisir à échanger avec Jenna et à aborder des questions philosophiques, même s'il n'était pas toujours d'accord avec elle sur son point de vue sur le désir. Jenna restait convaincue que l'on ne pouvait convoiter que ce que l'on ne possédait pas encore alors qu'il était persuadé du contraire. Il lui expliqua que ce n'était là qu'une vision consumériste du désir. Pourquoi ne pas prendre simplement conscience que l'objet de notre désir est tout ce que l'on attendait ou souhaitait et qu'il ne nous manque rien d'autre pour être pleinement heureux ? Rien à ajouter, rien à retrancher…

Quand on ne cherche pas à rendre l'autre transparent, mais qu'il continue à conserver sa part de mystère et à être toujours source de fantasme, le désir perdure. Ainsi, comme le disait Héraclite : « on ne se baigne jamais deux fois dans la même eau ».

Jenna pensait au contraire qu'il fallait multiplier les aventures pour éprouver un désir sans cesse renouvelé.

Manque d'expérience de sa part ou frivolité excessive ? Alexandre ne sut trancher.

Toujours est-il qu'il comprit bien vite aussi que la jeune étudiante n'était pas venue que pour des conseils. Ses regards lourds de sous-entendus, ses allusions à peine voilées et sa tenue légère étaient des signes grossiers d'un désir évident. Et puis, il fallait bien le reconnaître, c'était une très jolie jeune femme ! Une belle blonde comme il les appréciait. De jolis yeux en amande, une bouche pulpeuse, un teint hâlé. De plus, sa petite jupe noire qui ne cachait pas grand-chose et son chemisier déboutonné étaient une invitation mal dissimulée. C'est donc sans surprise que la journée se termina sous les draps. Pourtant, tout le temps que dura leur étreinte, il n'avait pensé qu'à Emma.

C'était son corps à elle qu'il voyait onduler au-dessus de lui, son regard profond qui pénétrait le sien et ses hanches qu'il pensait tenir entre ses mains.

Alexandre et Jenna se retrouvèrent à nouveau quelquefois, mais ils comprirent bien vite tous les deux que cette liaison ne mènerait à rien. L'attirance physique ne suffisait pas. Intellectuellement, trop de divergences entre eux et sexuellement, ils n'avaient pas non plus les mêmes attentes.

Jenna avait peu d'expérience et n'était pas franchement prête à faire de nouvelles découvertes. Alexandre s'ennuya rapidement avec elle, culpabilisant aussi de ne penser qu'à Emma et regrettant même de ne pas avoir eu la patience de l'attendre.

Car elle viendrait à lui, il en était convaincu.

Jenna sortit de sa vie aussi rapidement qu'elle y avait fait irruption et Alexandre retourna à son attente inquiète.

Il se remit à l'écriture. Un thriller qu'il avait laissé en plan et un essai tout juste ébauché sur les quatre saisons de la raison, sans toutefois parvenir à poursuivre bien loin cette fois encore. Les mots et les idées, il les avait, mais il lui manquait l'essentiel.

La motivation.

Pourquoi écrire et surtout pour qui ? Quand il prenait

connaissance des nouvelles du jour, de la vanité du monde et de sa décadence, il se demandait à quoi cela pouvait bien servir. Il préférait de loin lire, apprendre et jouir de l'instant présent dans le plus pur esprit zen plutôt que d'écrire pour des gens qui ne le liraient jamais, perpétuellement vissés à leur écran télévisé.

Certains disaient de lui qu'il était pessimiste et arrogant.

Il se sentait juste étranger.

Étranger aux hommes et à leurs petites mesquineries…

Il rencontra également des difficultés financières. Pourtant, à partir du moment où il pouvait régler ses factures de base, se procurer son thé, son tabac blond, du riz thaï et profiter dans le calme de son coin de nature isolé, il considérait qu'il avait là les conditions matérielles substantielles. Il ne lui restait qu'à retrouver sa moitié séparée de lui à travers les âges.

C'était l'effet que lui faisait Emma.

C'était trop romantique ? Il n'en avait cure. L'intuition prévalait quelquefois sur la raison.

S'il était impossible de venir en aide à Emma là où elle se trouvait, Alexandre savait néanmoins qu'il pouvait lui rendre service en ayant à l'œil Illario. Être certain qu'il ne manigançait pas un coup tordu.

Il voulut s'en assurer par lui-même et se rendit discrètement chez lui, constatant alors que les volets de sa maison étaient toujours fermés. Aucune trace de vie.

Bizarre…

C'est Denis, le cafetier du village, un Marseillais jovial, qui lui donna des nouvelles.

— L'Illario ? Pauvre ! T'es pas au courant ?... Il a passé l'arme à gauche, dis !

Alexandre se figea quelques secondes.

Voilà un problème réglé de manière radicale.

— Que s'est-il passé ?

— Ce qu'il se passe quand on joue trop au malin... Il s'est d'abord mis à la pêche. Il a pêché deux, trois gros poissons et il a pris le melon. Il venait même ici nous montrer ses prises et faire le *cacou*. Alors, il s'est mis en tête de faire des concours. Un *Jean de Florette* des rivières... ! Ses galéjades nous faisaient bien rigoler... Lui, il y croyait dur comme fer et il a fallu qu'il aille s'acheter à la ville la meilleure canne à pêche en carbone pour fanfaronner. L'après-midi, il est allé pêcher à la rivière juste à côté de l'abbaye et figure-toi qu'il a rien trouvé de mieux que d'accrocher la ligne électrique. Il avait même pas pensé, le couillon, que c'était pas du bambou, le carbone, et qu'avec, on peut s'électrocuter ! Je te fais pas un dessin pour la suite...

— Un accident idiot..., commenta Alexandre.

Intérieurement, il ne put réprimer son soulagement. Il ajouta, soudain inquiet :

— Et sa fille, vous avez des nouvelles ?

— *Oh fan* ! Il paraît que sa pauvre mère est toujours enfermée... Alors, on dit ici que c'est sa grand-mère maternelle qui s'en occupe maintenant. En tout cas, on l'a pas revue la pauvre gamine. Si c'est pas malheureux...

Alexandre resta songeur.

Il éprouva malgré lui ce sentiment d'une justice bien méritée. C'était si peu fréquent que la Nature se charge elle-même de rétablir l'équilibre qu'il prit le temps de savourer la nouvelle.

Tout se paie, un jour ou l'autre.

PARTIE 2.

LE PURGATOIRE

CHAPITRE 24

SAINT JOHN'S

Emma n'a plus qu'à se terrer maintenant. C'est le seul moyen de ne plus faire de mal à personne.

Dans son cerveau, ce kaléidoscope dont toutes les faces ne ramènent qu'à la folie.

À ses machinations machiavéliques pour pourrir le quotidien de ses proches.

À ses manipulations sournoises pour se victimiser. Ses déviances sexuelles obscènes. D'une telle perversité qu'elle s'est elle-même convaincue que c'est Illario qui est malade.

Normal pour une parano... Bien plus simple de voir des complots en tous lieux, des manipulateurs à chaque coin de rue que de faire face à sa propre psychose !

Il ne te reste plus qu'à bâtir une forteresse assez solide entre toi et les autres pour cesser de détruire ceux qui t'aiment, Emma...

...Tu peux toujours continuer à mentir et cacher au monde qui tu es vraiment, mais comprends enfin que l'imposture mise en place n'est qu'un placebo, un pansement poreux. Tu as beau avoir accumulé des couches et des couches de mensonges, le vernis finit toujours par craqueler.

Crois-tu vraiment que tu pourras encore longtemps te mentir à toi-même ?

Son corps est secoué de tremblements et elle est plus livide que jamais...

Quel effet ça fait d'être un monstre, Emma ?

Morlov a essayé de l'aider pendant de longues semaines. Elle est un cas d'école fascinant pour lui, mais ce n'est pas la seule raison. Il est aussi attaché à elle et déploie tous les efforts pour l'arracher à sa folie.

Hypnose, association libre, interprétation des rêves ou thérapie par l'art… Mais, à chaque fois, le même monstre hybride paranoïde surgit, retranscrit dans tous ses cauchemars, tous ses dessins, révélé dans chaque association d'idées, de manière certes camouflée, mais bien réelle.

Il tente de la rassurer aussi. Elle ne doit pas culpabiliser.

Le psychisme est une machine redoutable qui peut facilement altérer la réalité au point de la modeler selon les désirs.

Parfois, la machine déraille, incontrôlable. Emma pourrait en reprendre le contrôle. Avec un peu de volonté…

Morlov lui explique aussi qu'elle n'est pas seule atteinte de cette maladie et que la paranoïa peut se soigner, pour peu qu'on l'accepte et qu'on le veuille. Il lui apprend en même temps que les deux amis avec lesquels elle a partagé ses soirées, Lucie et Fabien, sont paranoïaques eux aussi. En revanche, son cas personnel est moins désespéré…

Un espoir apparemment. Mais qui n'aboutira pas.

Paranoïaque.

Comment ne l'a-t-elle pas compris avant ?

Tu avais toutes les pièces pourtant, Emma…

Si elle reconnaît sa psychose, aucun des traitements suivis ne l'en a délivrée. D'autant plus difficile d'en guérir que cela est en elle, dans son corps, inscrit dans chacune de ses cellules. Morlov a fini par le comprendre au cours d'un nouveau traitement, une psychogénéalogie qui a mis en évidence les troubles héréditaires dans sa famille. Notamment le suicide de son père, atteint du même mal. Des gènes malades, contaminés depuis des générations, jusqu'à ses lointaines ancêtres, sombres sorcières, comme elle.

Un atavisme.

Un mal abominable revenu par-delà les siècles. Mordant et dévorant.

Comment dès lors en guérir ?

D'autant plus difficile qu'elle se délecte de ce trouble transgénérationnel, de cette fêlure héréditaire, plutôt que de les combattre et Emma s'enferme chaque jour un peu plus dans les limbes de son cerveau sclérosé, hermétique au monde et aux hommes désormais, jusqu'à nourrir le fruit de sa folie qu'elle couve maternellement.

Une pensée vivace.

Sa pensée.

Inconsistante mais tenace, immatérielle mais réelle, perceptible par les pliures de son front qui ne cesseront de se creuser au fur et à mesure que sa pensée vorace et assoiffée ravagera sa chair, se nourrira de ses fluides corporels pour ne laisser d'elle qu'un petit être tout sec et flétri.

Embryon déchiré par la Folie.

Pourquoi détruis-tu tous ceux qui t'aiment, Emma ?

Pourquoi te détruis-tu toi-même ?

Pourquoi te complais-tu dans cette tourbe infâme ?...

Misérable vermine...

CHAPITRE 25

CUCUGNAN

Samedi. 23 h 20.

Une belle soirée glaciale, à souhait.

Antoine Ferrière, cinquante-quatre ans, chirurgien en gynéco-obstétrique au CHU de Carcassonne, roulait à vive allure sur la D123 qui surplombait Cucugnan. Au détour d'un virage, les phares de son coupé Mercedes Classe E noir profond éclairèrent le château de Quéribus qui s'érigeait imposant au sommet du pic acéré qui lui faisait face. Il enfonça la pédale de l'accélérateur, excitant encore davantage les 800 chevaux sous le capot, au son du *De Profundis* de *Dead Can Dance*.

Il écrasa sa cigarette, augmenta le volume pour se laisser pénétrer par la voix féminine planante qui le ramena à une autre excitation, celle du rendez-vous qui l'avait conduit sur cette route en pleine nuit. Il sentait déjà son membre durcir à travers son jean rien que d'y penser.

Il avait facilement accepté l'invitation de Thémis après avoir échangé plusieurs mails avec elle. Un donjon en rase campagne, une dominatrice pour lui tout seul, des goûts communs… C'était le cadre idéal qui lui permettait d'assouvir ses fantasmes tout en préservant son anonymat, comme d'habitude. Pourtant, il ne connaissait rien d'elle à part ses pratiques préférées. C'était aussi ce qui l'excitait.

Il savait qu'il allait souffrir et en éprouvait d'ores et déjà un grand plaisir.

À deux kilomètres de là, Coralie finit de se préparer. Coralie ou plutôt Thémis comme elle se faisait appeler sur le site très spécialisé sur lequel elle s'était inscrite après qu'on le lui eût habilement suggéré.

Ce soir-là, elle venait de recevoir un appel et s'était alors préparée de manière mécanique, revêtant son corset de cuir noir lacé sur le ventre qui se prolongeait en une cape légère. Totalement ouvert sur la poitrine, il laissait apparaître sa poitrine généreuse que venaient souligner des bretelles de cuir jointes en un tour de cou clouté des plus excitants.

Elle savait l'effet qu'aurait sa tenue sur son visiteur et en jubilait d'avance.

Son soumis, elle ne le connaissait pas encore, mais ce qu'elle avait appris de lui à travers leur correspondance lui avait suffi à établir son profil : un homme marié qui souffrait de cette paranoïa propre aux époux infidèles, ce qui le poussait à ne pas se montrer en public et à ne se rendre que dans des lieux intimistes.

Un cadre supérieur habitué à commander.

Un manipulateur narcissique qui aimait inverser les rôles au lit pour recevoir le *shoot* de perversion qui lui était nécessaire et qu'il ne trouvait pas ailleurs.

Tout à fait le type qu'elle recherchait…

Restait à enfiler ses cuissardes à talons aiguilles et ses gants noirs, ce qu'elle fit en prenant soin de contempler son image dans la psyché qui lui faisait face, sans oublier les deux accessoires sans lesquels elle ne serait pas Thémis, un bandeau de soie transparent et un glaive avec lequel elle aimait jouer pour titiller ses soumis. Elle admira une dernière fois son reflet et sourit en appréciant le résultat.

C'était parfait !

Au même moment, elle entendit des pneus crisser sur le gravier de

205

l'allée qui conduisait à la bastide. Il était arrivé.

Antoine Ferrière venait de descendre fébrilement de son véhicule et savait où il devait se rendre. La porte de la cave qui abritait le donjon se trouvait en contrebas, au sous-sol, sur le flanc gauche de la bastide. S'approchant de la façade, il distingua les quelques marches qui permettaient d'y accéder, comme son hôtesse le lui avait indiqué. Tout comme elle l'avait également informé de la démarche à effectuer en pénétrant à l'intérieur.

La porte posait d'emblée le cadre. Solide huis médiéval clouté équipé d'un judas grillagé et d'un heurtoir en bronze à tête de lion.

Nul besoin de frapper. Il se savait attendu et la consigne était claire.

Il ouvrit donc la lourde porte et pénétra au sein du vestibule.

Mur de pierres apparentes, candélabre dans l'angle droit, petite étagère sur laquelle étaient disposées deux bougies. Au mur, des accessoires de bondage. À droite, la petite porte dérobée qui descendait un peu plus dans les entrailles de la demeure devait le conduire jusqu'à la cave où il avait pour consigne de se rendre. Il s'y engouffra sans attendre.

Les ordres étaient précis. Tout avait été organisé au millimètre, ce dont il se réjouissait en tant que maniaque méticuleux.

En pénétrant dans la cave, il fut immédiatement happé par l'odeur d'un encens-résine tibétain et par une lumière ambrée vacillante dont la source ne pouvait être que celle de flammes naturelles, en l'occurrence des chandeliers disposés aux quatre coins de la pièce. Les murs de pierre étaient surmontés à mi-hauteur d'un isolant phonique matelassé en *skaï* rouge.

Antoine Ferrière prit le temps de bien respirer pour faire retomber un peu la pression qui était déjà à son comble en imaginant tout ce que sa maîtresse allait lui faire subir, comme le laissaient présager les accessoires disposés dans la pièce.

Il n'avait pas manqué d'apercevoir la solide croix dont il remarqua aussitôt que la forme permettait des ligotages. Dans toutes les postures... Il s'imaginait déjà en position christique.

Juste à côté, à droite, des anneaux pendaient, solidement harnachés aux poutres basses.

Contre le mur du fond l'attendait aussi le banc de cuir rembourré, sur lequel étaient posées la paire de menottes et une cagoule, comme le lui avait indiqué Thémis. Il ne lui restait plus qu'à se déshabiller, à déposer ses vêtements sur l'autel à côté du banc, suivant les ordres, et à s'équiper des menottes après avoir enfilé la cagoule. Ce à quoi il obéit avec plaisir, en bon soumis.

Assis sur le banc, ses oreilles étaient attentives au moindre bruit.

Thémis l'avait-elle entendu arriver ?

Que se passerait-il si ce n'était pas le cas ?

Comment expliquerait-il alors la présence de menottes à ses poignets lorsqu'il devrait trouver quelqu'un pour les lui ôter ?

Ces seules pensées finirent de l'échauffer. Il bandait ferme.

C'est ce que remarqua immédiatement la maîtresse de cérémonie quand elle pénétra dans la salle, sans un bruit, prenant le temps d'observer la proie qu'elle avait attirée jusqu'à elle.

Elle s'approcha de celui qui se faisait appeler Minotaure et lui intima l'ordre de la suivre, jouant de sa voix pour inspirer crainte et faisant claquer son fouet sur les fesses de l'homme qui venait juste de se lever.

Elle le guida jusqu'à la structure de momification et entreprit de le ligoter avec une corde de chanvre. Elle serra les liens jusqu'à lui arracher de petits gémissements lorsqu'il sentit les micro-brûlures. Elle perçut son souffle libidineux quand elle approcha son visage du sien pour immobiliser sa tête. Après s'être assurée que Minotaure était bien sous contrôle, Thémis entreprit une flagellation. Ciblée. Les fines lanières de son fouet de cuir marquaient la peau de sa victime de profondes scarifications tandis qu'il laissait échapper des cris qui l'incitèrent à cingler de plus belle. Il hurla.

Douleur ou plaisir ?

Thémis ne s'en souciait pas. Minotaure, lui, était animé de sentiments antagonistes qui menaient tous à l'extase.

Douleur, plaisir… honte, satisfaction.

Au bout de dix minutes de cet exercice, Thémis le détacha. Les jambes de son esclave tremblaient.

Un calme serein avait gagné le chirurgien, contrastant avec l'excitation fébrile du début.

La maîtresse ordonna alors au Minotaure de s'agenouiller près du banc de torture. Il s'exécuta et se retrouva finalement allongé dos sur le banc à subir l'action de divers outils dont il reconnaissait la morsure.

Paddle, martinet, canne, baguette, cire chaude et surtout roulette crantée venue dévorer son corps, aux endroits stratégiques. Les plus sensibles. De longues minutes d'une douloureuse ivresse. Le bouquet final de la petite séance approchait, celui qu'ils réclamaient tous, se dit Thémis, au point de se demander s'il n'y avait pas chez eux une sérieuse tendance à l'homosexualité refoulée.

Il ne lui restait plus qu'à s'équiper.

Elle lui ordonna tout d'abord de déambuler à quatre pattes dans son salon, observant le spectacle de ce porc qui se vautrait en se dandinant et gémissant comme une femelle. Cela la conforta dans son choix final.

Lorsqu'il se replaça sagement contre le banc, la croupe offerte, elle le saisit par la taille et d'un mouvement vif enfonça son gode ceinture en lui. Thémis se libérait à chaque coup de reins de toute cette haine engrangée en elle par ce type d'individus.

Mais ce n'était pas encore assez.

Au moment où elle lui arracha un râle, elle se raidit et, alors qu'il venait juste de répandre sa semence, son bras vengeur s'abattit dans son cou et une giclée de sang vermillon jaillit en même temps que le cri d'effroi du monstre.

Le dos du Minotaure se cambra sous la douleur.

Elle l'immobilisa encore contre le banc par le sexe artificiel toujours planté en lui et se déchaîna avec fureur, comme sous l'emprise d'une force extérieure, lui assénant dans le dos et la nuque des dizaines de coups de son glaive affûté, jusqu'à ce que le corps inerte glisse sur le sol bétonné et que les hurlements cessent.

Une mare de sang s'était déjà répandue sous ses talons.

Elle trancha alors son sexe dégoulinant qu'elle lui enfonça au fond de la gorge puis laissa choir le glaive ensanglanté.

Elle lâcha un soupir et laissa couler une larme. Elle était pourtant soulagée devant le plan accompli.

Regard vide de Thémis.

La justice venait d'être rendue.

Il rejoindrait les autres cadavres qui gisaient au fond du puits.

CHAPITRE 26

SAINT JOHN'S

Cette année-là avait été particulièrement douce et humide. Un hiver sans gel et sans neige. Beaucoup d'eau venue laver les trottoirs et inonder les récoltes, en automne comme au printemps. Un ciel bas et écrasant. Une pluie interminable dont les larges coulées semblables à des barreaux de prison pesaient sur le moral des hommes.

Emma, elle, l'ignorait. Elle n'avait pas jeté un seul regard par la croisée de sa chambre.

Après la terrible prise de conscience de sa pathologie, elle avait très rapidement dû être transférée à l'étage supérieur. Celui des patients les plus atteints.

Au « Purgatoire », comme l'appellent ceux qui connaissent. Mais rares sont ceux à l'avoir fréquenté qui peuvent ensuite en témoigner.

Une porte blindée, équipée d'un digicode et d'un visiophone, barricade l'entrée. Ou plutôt la sortie. Les patients les plus chanceux, néanmoins privés de liberté, traînent leur désespoir dans le couloir lugubre. D'autres, en proie aux contentions, gémissent au fond de leur lit d'hôpital-prison. La pire d'entre elles et la CSI, aussi appelée « Chambre de Soins Intensifs ». C'est la dernière pièce au bout du couloir, juste après la salle de repos faisant aussi office de salle de jeu, de salle de goûter, de salle de télévision mais surtout de défouloir pour des pensionnaires bien trop souvent esseulés. La CSI est la chambre d'isolement.

Qui ressemble davantage à une chambre de torture.

La CSI du « Purgatoire », aux murs transpirants de crasse et de moisissure, est un lieu de confinement auquel les prisons les plus sécurisées n'ont rien à envier. Les patients qui peuvent encore parler évoquent entre eux avec effroi ce noir cachot surgi d'un autre temps lorsqu'ils en reviennent. Un univers de délire, de violence et de souffrance. Un monde que les gens « normaux » n'imaginent même pas.

« Le Purgatoire » à *Saint John's* n'est ainsi rien d'autre qu'un quartier dans la ville.

Un monde dans le monde.

Avec ses règles spécifiques. Inhumaines et avilissantes.

Des règles propres à encadrer ce bétail humain dont le seul droit ne se résume plus qu'à obéir. En alternance avec la camisole de force, la camisole chimique est bien plus efficace encore parce qu'elle offre aussi une solution aux hurlements. Particulièrement pernicieuse également. Un *shoot* permanent qui permet au personnel d'avoir la paix dans le couloir de l'enfer. Silence étouffant et vagissements déchirants alternent ainsi et scandent les heures interminables dans le « Purgatoire ».

Chambre 22. Celle d'Emma.

Une pièce sans meubles, hormis le lit, solidement fixé au sol.

Elle y vit terrée, souvent blottie en position fœtale.

Seule.

Ne supportant plus la présence d'humains, si ce n'est une infirmière introduite par Morlov dans son petit monde en vase clos afin de lui prodiguer les soins élémentaires.

Emma n'est plus que flottaison, incertitude et débris dans lesquels elle s'empêtre comme dans des sables mouvants. La moindre pensée naissante est aussitôt engloutie au fond des marécages visqueux de son cerveau qu'elle rêve sans mémoire ni passé.

Elle s'acharne à se construire chaque jour une nouvelle vie, lumineuse et lustrée.

C'est un combat voué à l'échec.

Le passé afflue par vagues et l'entraîne toujours plus loin dans sa spirale obsessionnelle.

Les neuroleptiques sont ses derniers amis, les seuls à se montrer fidèles et ne pas la trahir. Une camisole qui a ses entrées dans tous les cerveaux, même les récalcitrants.

C'est dans ce mur de silence ou de pleurs que s'isole Emma depuis des mois.

Dernière forteresse contre un monde extérieur qui l'agresse.

Et pourtant, elle aurait dû se réjouir de son sort et de sa cellule individuelle, car de l'autre côté de la cloison, Mathilde, elle, gît dans un bain de vomi et d'excréments, le visage lacéré de griffures après avoir subi une énième agression de sa compagne de chambrée.

La promiscuité, veule et fourbe... indissociable de la folie dans cet univers où les secondes s'étirent comme autant d'années venues absorber les résidents.

CHAPITRE 27

TOULOUSE

— Le *hacking*, Fabien, ce n'est pas du piratage informatique comme la plupart des gens l'imagine. Être *hacker*, « hacher », « bricoler », « décortiquer »…, c'est avant tout chercher à comprendre un système, son fonctionnement et ses règles.

— Des Robins des Bois de l'informatique alors, compléta Fabien.

— Tout à fait. D'ailleurs, à l'origine, Internet se résumait à cette communauté, cette culture partagée. Ce sont les Américains, encore, qui ont dénaturé le système en utilisant Internet pour se livrer à l'espionnage durant la Guerre froide. Si les *hackers* en sont finalement arrivés à infiltrer les systèmes, c'est parce que les États se sont mis à nous surveiller et vouloir contrôler notre activité. Le piratage s'est fait en réaction et non l'inverse…

— Pourtant, l'individu lambda a entièrement perdu cette volonté de comprendre et en arrive à privilégier des systèmes totalement verrouillés comme la marque à la pomme qui a promu ce modèle économique et philosophique qui se résume encore une fois à une soumission aveugle.

— Tu as tout compris Fabien! Voilà donc pourquoi notre mission est primordiale. On continue la formation pratique ?

— Bien sûr !

Fabien travaillait avec Fred depuis plusieurs mois déjà.

213

Depuis qu'il était sorti de *Saint John's*, il s'était lancé avec Lucie dans la construction d'un portail Internet dissident.

Mais cette fois, hors de question pour eux de se faire coincer !

Ils avaient tiré des leçons du passé… La prudence était de mise et, pour faire jaillir la lumière, ils travaillaient dorénavant dans l'ombre.

Lucie s'occupait surtout du contenu et de la communication au sein d'un groupe d'activistes. Dans ce but, son nouvel emploi en tant que journaliste pour un média en ligne, citoyen et participatif, lui était bien utile.

Fabien, quant à lui, était chargé de la délicate partie technique et des opérations liées à la sécurisation du site Internet. Il avait déjà de bonnes bases, mais les techniques dans ce domaine évoluaient constamment et se perfectionnaient. Il était souvent amené à se former, comme c'était le cas en ce moment.

L'hôpital psychiatrique était bien loin derrière eux, même s'ils restaient vigilants et qu'ils savaient que le moindre faux pas pouvait les y reconduire directement. Leurs discussions les ramenaient également souvent à Emma qu'ils avaient laissée là-bas à *Saint John's*.

Elle manquait à Lucie qui s'était attachée à elle bien que certains aspects de sa personnalité aient pu lui échapper.

Peut-être avait-elle aujourd'hui quitté *Saint John's* ? En tout cas, elle l'espérait.

Pour sa part, le retour à la vie extérieure avait été tout d'abord difficile. Elle avait été incapable, dans un premier temps, de reprendre ses activités à la bibliothèque.

Elle avait zoné un moment tout en gardant contact avec Fabien. C'est lui qui l'avait mise en relation avec l'un de ses potes, Vincent, administrateur de *Direct News*, le journal en ligne pour lequel elle travaillait désormais. Vincent qui était également devenu son compagnon et qui l'avait aidée à se reconstruire.

Maintenant ils poursuivaient tous les trois ce qu'ils considéraient comme leur mission d'intérêt général et leur réseau ne cessait de s'élargir.

CHAPITRE 28

SAINT JOHN'S

Une autre année s'est écoulée.

Qu'importe ?

Emma vit repliée la plupart du temps dans un coin de sa cellule, le regard hagard, poussant quelquefois un gémissement ou un cri strident si un visage nouveau approche trop près. Dans ses périodes de crise où elle n'hésite pas à s'automutiler ou à agresser le personnel médical, les contentions voire l'isolement sont alors nécessaires.

Une paranoïa dévorante… Allant jusqu'à l'irrationalité et au délire.

Pour les patients atteints, toute tentative de soin du personnel médical est perçue comme une menace voire une agression, si bien que les protéger d'eux-mêmes et des autres est la première nécessité.

Emma vit ainsi constamment recluse, méconnaissable.

Maigre et livide et surtout un vide abyssal au fond des yeux. Un bloc de marbre lisse et poli, pétrifié par le temps. Un visage d'une rigidité inquiétante.

Une morte parmi les vivants…

La seule activité à laquelle il lui arrive encore de s'adonner de temps à autre, quand elle sort de sa léthargie, est le feuilletage mécanique d'un quotidien. Unique lien qu'il semble lui rester avec le monde extérieur.

Sait-elle seulement que, dehors, une famille s'inquiète pour elle ?

Une petite fille l'attend toujours ? Peut-être est-ce mieux pour tout le monde qu'elle l'ignore...

Son état est désespéré. L'unique but de son traitement : la stabiliser. Ce qui semble être enfin le cas depuis quelques semaines.

Jusqu'à ce jour tout du moins...

Ce jour où un cri, ou plutôt un long hurlement, retentit à tous les étages de l'hôpital psychiatrique, au-delà de la porte blindée. Un cri inquiétant, déchirant et couvrant tous les autres gémissements.

Le journal reste ouvert devant Emma.

La dernière pièce a rejoint les autres pour finir d'assembler le puzzle de sa vie.

Le psychiatre Morlov fait la *Une.*

L'article qui accompagne sa photo est sans ambiguïté : « Le professionnel tant respecté révèle son vrai visage. Celui d'un dangereux sociopathe. »

« Des patientes violées, d'autres détruites psychologiquement par ce médecin qui leur prêtait des maladies qu'elles n'avaient pas, les poussant pour la plupart au suicide, voire au meurtre. Véritablement machiavélique. Et intelligent.

Des vies brisées, des espoirs avortés, des névroses implantées. »

Et le mal niché au cœur du remède...

PARTIE 3.

L'AFFRANCHIE

CHAPITRE 29

SAINT JOHN'S

Si ses yeux ont soudain pu voir la vérité et cesser de se laisser abuser par les ombres qui s'agitaient dans son esprit rendu malade, le personnel a dû attendre des semaines avant de fournir une quelconque explication à Emma concernant les événements récents et son état des dernières années.

Les lésions sont profondes.

Une plaie béante dans laquelle toute la vie d'Emma s'est abîmée.

Des troubles de l'affect. Des symptômes dissociatifs. Une perturbation de la relation à autrui et une colère explosive… telles étaient les manifestations de son stress post-traumatique qui ont d'abord dû être pansées.

Il lui a fallu également réapprendre à parler et à entendre les voix humaines.

Réapprendre à regarder, réapprendre à ressentir, réapprendre à raisonner. Se réapproprier et accepter son image aussi.

Puis elle a voulu comprendre.

Une force effarante l'a maintenue debout, même vide, et l'aide désormais à se reconstruire malgré le traumatisme. Emma sait qu'elle tient cette résistance de sa mère qui a dû faire face, elle aussi, à bien des épreuves au cours de sa vie et elle comprend à présent que si elle lui a maintes fois reproché sa rigidité et l'éducation stricte qu'elle a reçue, c'est d'elle que lui vient sa force d'aujourd'hui et c'est à ce solide maillon de l'existence que l'on transmet intuitivement en étant mère qu'elle doit sa survie.

Ce jour de printemps, des semaines après qu'Emma ait appris la vérité, la psychologue Élisabeth Balthus, avec douceur et patience, peut enfin l'approcher et lui expliquer ce qu'elle a subi.

L'échange a lieu dans la chambre d'Emma, car elle refuse encore d'en sortir.

C'est un mercredi ensoleillé. Promesse d'un nouveau départ.

Emma a retrouvé apparence humaine et repris du poids. Ses yeux éteints ont regagné en vitalité et la robe bleue qu'elle a revêtue lui rend la touche de féminité qui lui est nécessaire, sans excès.

Les questions se bousculent dans son esprit. Il lui faut désormais des réponses pour sortir de cette spirale du doute et de la défiance.

Sa première demande est de comprendre le fonctionnement de la mémoire.

Comment a-t-elle pu se laisser abuser alors même qu'elle venait d'ouvrir les yeux sur son mari manipulateur ?

Comment un être humain peut-il se laisser duper aussi facilement ?

Comment a-t-elle pu effacer ses souvenirs et adopter la version paranoïde que lui donnait Morlov de sa vie ?

Elle ne se croyait pas si stupide...

Emma est abîmée, les interrogations encore trop nombreuses, mais la nécessité de comprendre éveille son regard pourtant bien morne quelques semaines auparavant.

Élisabeth, psychologue cognitiviste de spécialité, cinquante-sept ans, cheveux châtains, grosses lunettes noires rectangulaires, est réputée pour sa méfiance à l'égard des théories freudiennes, privilégiant au contraire une psychologie basée sur l'observation et la pratique plutôt que les théories universitaires qu'elle juge douteuses...

220

Elle a été la première à s'interroger au sujet des méthodes de Morlov qui travaillait avec elle à *Saint John's.*

Elle a alerté ses confrères.

Sans son intervention, Morlov exercerait certainement toujours. Comme beaucoup d'autres pervers trop souvent couverts par leur statut.

Une infirmière a expliqué tout cela à Emma et c'est peut-être la raison qui a poussé la jeune femme à accepter l'entretien avec Élisabeth, ce dont la psychologue se réjouit. Altruiste et dévouée, le médecin mesure ce jour-là ce qu'elle peut apporter à Emma après le choc qu'elle vient de subir. Elle est également consciente du cas exceptionnel que constitue la jeune femme dans sa carrière de psychologue, mais elle est pourtant avant tout sensible à son malheur plutôt qu'au cas clinique que représente la patiente.

Après avoir pris le temps de l'écouter, de laisser les questions la submerger, Élisabeth Balthus prend le parti de répondre le plus simplement possible à sa première requête au sujet de la mémoire.

Il lui faut apaiser ses interrogations autour des manipulations subies. Elle s'éclaircit la voix avant de commencer.

— Ce que l'on sait de la mémoire, Emma, c'est qu'il lui est particulièrement difficile de discerner le vrai du faux. La mémoire est malléable et les souvenirs peuvent ainsi être facilement modifiés, mélangés, créés, altérés et perdus. En outre, ils sont sensibles aux suggestions d'autrui et aux questions orientées. C'est un peu comme un immense puzzle dont on peut égarer les pièces ou substituer certaines les unes aux autres, progressivement.

Élisabeth marque une pause et observe la patiente. Elle l'écoute attentivement et ne semble pas trop déstabilisée par ce qu'elle lui explique même si elle reste accrochée à sa couverture en animal effarouché, tripotant de temps en temps aussi le bord de sa robe.

Elle décide de poursuivre.

— Vous avez certainement déjà entendu parler des deux types de mémoire, Emma, celle à court terme et celle à long terme ?

Elle acquiesce d'un petit signe timide de la tête.

— Eh bien, le déplacement du stockage des souvenirs du court terme vers la mémoire à long terme est un processus que l'on nomme « consolidation ». Si cette consolidation n'a pas lieu, alors les événements seront oubliés lorsqu'ils quitteront la mémoire à court terme. Mais même si les souvenirs atteignent le stockage long terme avec une petite déformation, il n'y a aucune garantie qu'ils resteront dans cet état. Ils se dégradent naturellement avec le temps... Plus il s'est passé de temps entre un événement et son souvenir, plus cette déformation ou l'oubli auront d'importance.

Élisabeth croit percevoir une lueur vive traverser le regard d'Emma. Ses traits paraissent se relâcher un peu.

Certainement commence-t-elle déjà à discerner la vérité.

Emma est une femme intelligente, comme beaucoup de victimes des pervers narcissiques. Élisabeth sait qu'elle n'aura pas de mal à comprendre.

— Les souvenirs sont souvent corrompus ou déformés pas les informations reçues après que le fait eut lieu. Des expériences dans lesquelles des individus à qui l'on diffusait le film d'un cambriolage suivi d'un compte rendu filmé de la scène, débriefing qui contenait, lui, des éléments erronés et faux, montrent que beaucoup des sujets insérèrent ces détails incorrects dans leur souvenir du cambriolage, refusant fermement de l'admettre une fois l'explication donnée. Une psychologue dénommée Loftus a réalisé elle aussi des centaines d'expériences similaires qui révèlent qu'un apport d'informations délivré après l'évènement a une forte influence sur les souvenirs, voire peut les remplacer. Vous comprenez mieux ce que vous avez subi ? Vous saisissez comment Morlov a pu implanter en vous l'idée de votre paranoïa ?

Emma écarquille grand les yeux et secoue énergiquement la tête en signe de compréhension.

— Les souvenirs rappelés ne sont jamais de fidèles reflets de l'événement mémorisé. La mémoire nous joue des tours en filtrant, diminuant, déformant le souvenir. C'est déjà la règle en temps normal. Alors, imaginez les dégâts possibles lorsqu'une tierce personne en qui l'on a confiance s'évertue à modifier sciemment ces événements déjà mal fixés ! D'autant si cette personne exerce une fonction socialement reconnue comme digne de respect et symbole d'autorité. Ainsi, les métiers de la justice... avocat, juge, policier, gendarme ou les professions médicales... psychologue, psychiatre, psychanalyste, sont quelquefois exercées par des manipulateurs qui profitent de leur position pour enfoncer encore davantage la victime, ce dont ils tirent leur jouissance. Cela est d'autant plus facile étant donné leur statut. Et ils en jubilent, croyez-en mon expérience, puisqu'ils tirent leur plaisir de la détresse humaine qui les nourrit.

Emma se souvient de l'une de ses discussions avec Lucie. L'expérience de Milgram et le principe de soumission à l'autorité. Lucie l'avait pourtant mise en garde, mais encore trop fragilisée par son traumatisme, elle ne s'était pas méfiée.

— En outre, poursuit Élisabeth, la manipulation de la mémoire est d'autant plus facile lorsque plusieurs facteurs sont réunis. Les trois principaux sont la confiance, la fragilité et l'isolement de la victime. Cela s'accentue encore dans le cas où celle-ci est placée dans une attitude d'introspection déclenchée par les questions du manipulateur. Exactement la position dans laquelle se trouve un patient avec son thérapeute... Cette situation peut être aggravée par la prise de barbituriques ou autres psychotropes qui, comme vous devez vous en douter, ont un effet sur le cerveau et la mémoire. Encore une fois, d'autant plus facile à imposer lorsque l'on est psychiatre !

Emma redresse vivement le buste :

— Vous voulez dire que j'ai été sciemment droguée par Morlov non pas à des fins thérapeutiques, mais dans le seul but de me rendre plus malléable ?

Élisabeth prend le temps de répondre pour faire retomber la pression.

— Je ne vous mentirai pas Emma…

Elle soupire, avant de reprendre :

— C'est en effet le cas. Nous nous sommes rendu compte que Morlov administrait à ses patientes de l'amytal de sodium également connu sous le nom de penthotal ou « sérum de vérité ». Ce barbiturique diminue le fonctionnement du cerveau cortical supérieur et permet soi-disant d'accéder à la découverte de la vérité. Mais cette substance a surtout la capacité d'endormir le cerveau pour mieux le pénétrer et le modeler… C'est une molécule qui a également été utilisée par la CIA pour faire parler les ennemis, alors je vous laisse imaginer !... Dans certains cas, Morlov n'hésitait pas non plus à combiner les médicaments pour affaiblir considérablement le cerveau de ses victimes… Tous les moyens étaient bons pour parvenir à ses fins. Un peu trop d'anxiété et l'ordonnance se voyait enrichie de Xanax. Des sautes d'humeur ? Du lithium. Des maux de tête ? Du Darvocet. Douleur stomacale ? Azantac. Certains patients se retrouvaient avec des traitements cumulant toutes ces substances… Et c'était votre cas Emma.

Le regard de la jeune femme s'assombrit.

— Et malgré cela, vous êtes là aujourd'hui, saine d'esprit à pouvoir discuter avec moi. Je vous félicite Emma ! Vous êtes forte et courageuse.

Emma trouve la force d'esquisser un sourire.

— Outre les substances médicamenteuses, certaines pratiques psychologiques se prêtent particulièrement bien aux manipulations mentales. Les questions orientées ou répétitives, les suggestions lors

224

de l'entretien psychologique peuvent, en elles-mêmes, créer une défaillance de l'esprit. Il en est de même pour ce que l'on appelle « l'association libre » qui consiste à laisser libre cours à l'expression du patient, sans discrimination. Une technique dangereuse, car facilement orientable, notamment lorsqu'elle est combinée aux questions suggestives. Le patient peut facilement perdre pied et imaginer avoir refoulé certains souvenirs ou certaines pensées. Le refoulement... un vaste fourre-tout au service de la manipulation mentale... ! soupire Élisabeth, visiblement contrariée.

Emma l'écoute, captivée. Élisabeth sent qu'elle peut tout lui révéler.

— Parmi les autres techniques véritablement redoutables, l'hypnose, bien évidemment, puisque le patient semi-endormi se trouve à la merci du praticien, mais aussi l'interprétation des rêves ou l'art-thérapie, techniques qui permettent toutes les deux au thérapeute de se livrer à une analyse toute personnelle et d'influencer le patient... Que dire de la psychogénéalogie comme indices de la mémoire... C'est simple : vos ancêtres vous ont légué votre patrimoine génétique. Sauf qu'il est tout à fait possible à un psychiatre de suggérer l'ancêtre le plus susceptible de venir corroborer son diagnostic, surtout lorsqu'il remonte au siècle précédent ou plus loin encore... ! Et c'est malheureusement souvent ce qui se passe pour les thérapeutes les moins scrupuleux. Voilà le petit panel des techniques de manipulation de quelques psychiatres pervers. Là encore, Morlov les a toutes testées... D'après les notes qu'il a laissées dans votre dossier et qu'il conservait dans son coffre comme autant de trophées, il vous a même convaincue qu'il avait ravivé votre mémoire ancestrale, celle de vos aïeux cathares persécutés ! Il connaissait toute votre vie, un dossier complet qu'il avait pris soin de compiler comme pour chacune de ses autres victimes. Il savait que vous aviez rédigé un mémoire sur les romans de sorcellerie et l'inquisition. Il savait pour le suicide de votre père. Il s'est engouffré dans la brèche. C'est notamment grâce à ces très lointaines et supposées persécutions qu'il a renforcé en vous votre sentiment paranoïaque… ! Vous étiez fragilisée par les manipulations de votre mari. Vous vous sentiez espionnée. Des symptômes post-traumatiques fréquents. Facile ainsi d'implanter en vous l'idée d'une paranoïa. Facile d'effectuer cette régression. Il vous a étudiée, observée, traquée, de jour comme de nuit, écrivait-il. Il connaissait toutes vos faiblesses et s'est ensuite aisément glissé dans vos failles.

Élisabeth s'interrompt, concentrée et soucieuse.

— Je vais devoir vous apprendre aussi des choses qui vont certainement vous choquer mais également vous libérer…

Emma regarde fixement la thérapeute et lui fait un signe de la tête. Elle est prête à l'entendre.

— Votre ex-mari, Emma, est décédé dans un accident de pêche. Électrocuté avec une canne en carbone et une ligne électrique. Vous n'avez plus à le craindre.

Emma se relève vivement :

— Et ma fille ? Louise ? Qu'est-elle devenue ?

— Elle va bien, Emma. Après le décès de votre ex-mari, sa garde a été confiée à votre maman. Elles vont bien toutes les deux et ont hâte de vous retrouver.

Le silence envahit la chambre. Emma se dirige vers la fenêtre et observe le mur d'enceinte au-delà duquel un avenir meilleur l'attend peut-être. Elle mesure l'ampleur et la force des manipulations subies. Elle ressent en même temps un immense soulagement.

Soulagement de savoir sa fille à l'abri.

Soulagement de voir que la justice a été rétablie.

De plus, comprendre les techniques de manipulation dont elle a été victime lui permet aussi de mieux les accepter. Pour pouvoir se reconstruire. Enfin.

Elle se retourne et observe Élisabeth. Elle constate pour la première fois depuis des années qu'elle n'a plus peur de fixer quelqu'un droit dans les yeux. Elle soutient le regard de la psychologue tout en l'interrogeant à nouveau, avide d'assembler les pièces encore manquantes.

— Mais comment ai-je pu subir l'emprise de deux hommes coup sur coup ?

— C'est assez fréquent en fait, Emma. Vous êtes de type « dépendant affectif » comme on le nomme dans notre jargon. Une faille affective vous pousse vers des relations fusionnelles ou de dépendance, n'est-ce pas ?

Emma acquiesce, émue de pouvoir mettre des mots sur ce qu'elle a toujours ressenti intuitivement et heureuse qu'on la comprenne enfin.

— C'est la raison pour laquelle vous êtes tombée entre les griffes de votre ex-mari pervers narcissique qui a su construire au départ une relation fusionnelle pour ensuite resserrer son emprise afin de mieux vous vampiriser et vous détruire. La même relation de dépendance s'est ensuite mise à nouveau en place avec Morlov lorsqu'il a pris en charge votre dossier. Vous étiez coupée de tout et de tous. Vous n'aviez plus que lui et vous vous en êtes totalement remise à votre psychiatre… Autrement dit et de manière imagée, vous souffrez de ce que l'on appelle aussi « le syndrome de Cendrillon ». Les femmes qui en sont victimes attendent leur prince charmant, un gardien qui leur apportera protection, qu'elle soit financière, psychologique ou affective. Incapables d'autonomie, elles vivent dans une relation de dépendance dont elles ne peuvent s'émanciper. Les bras protecteurs qu'elles recherchent viennent pallier leur manque de confiance et leur besoin d'amour. Ainsi, elles ne parviennent à s'épanouir que dans la dépendance et la domination et ne se trouvent valorisées qu'en redoublant d'efforts pour obtenir et conserver les faveurs de leur compagnon. Les conséquences sont dramatiques quand elles se retrouvent face à un « Peter Pan », des hommes qui ont refusé de grandir et ont fui les responsabilités de l'âge adulte. La plupart développent des tendances narcissiques et des comportements manipulateurs. Impulsifs et capricieux, ils aspirent souvent à un amour inconditionnel et absolu qui évoque pour eux l'amour maternel dont ils ne parviennent à se détacher ou dont ils ont manqué et ainsi n'hésitent pas à mettre leur compagne à l'épreuve pour tester son amour. Votre mari était certainement l'un d'eux. Cendrillon et Peter Pan… Cela peut prêter à rire, pourtant il n'en est rien ! Un duo mis en œuvre pour la destruction mécanique de la pauvre Cendrillon…

Emma prend le temps d'assimiler ce qui vient de lui être exposé. Tout devient si limpide…

Il lui reste toutefois une interrogation :

— Mais qu'est-il arrivé aux autres victimes de Morlov ?

Nouveau silence. Élisabeth pèse ses mots avant de les prononcer.

— Beaucoup n'ont pas eu la même chance que vous, si je puis dire. Plusieurs ont été violées par Morlov au cours de leur thérapie. De nombreuses parmi elles se sont suicidées après avoir subi son emprise. Une a même commis une série de meurtres sous l'effet d'une hypnose particulièrement dévastatrice. Victime d'un pervers narcissique comme vous, elle a consulté Morlov pour se reconstruire. Il l'a poussée à éliminer quatre autres supposés manipulateurs pervers par la force de l'induction sous hypnose. Un chirurgien, un avocat, un banquier et même un sous-préfet. Tous des hommes de pouvoir… Tant de PN à ces postes-clés…

Elle lui explique un peu plus en détail la vie d'Hélène, Déborah et celle qui se faisait appeler Thémis en référence à la déesse de la justice, Coralie de son vrai nom.

Emma comprend qu'elle a finalement eu en effet une certaine

forme de « chance ». Cette injustice dont les autres femmes ont été victimes la révolte pourtant. Ses yeux brillent de colère.

— Mais comment est-ce possible de pousser quelqu'un au crime ?

— Suggestions sous hypnose. Des actes peuvent ainsi être induits dans cet état propre à l'hypnose. En situation d'éveil, le sujet peut obéir à ces ordres hypnotiques sans avoir conscience de leur origine et sans pouvoir y résister. La plupart du temps, un mot codé implanté durant le sommeil hypnotique se transforme en ordre post-hypnotique. Il suffit d'un SMS, d'un coup de téléphone ou d'une parole pour déclencher le passage à l'acte. C'est ce que Morlov a fait avec Coralie, jeune femme si semblable à vous, victime elle aussi d'un mari manipulateur. Il a réussi à la pousser à la vengeance en assassinant quatre autres individus. Tout cela par la seule force de l'induction.

— C'est machiavélique…

— Machiavélique et très « tordu », oui…

Emma hausse les sourcils en signe d'acquiescement. Soudain, son regard s'assombrit à nouveau. Elle ne parvient pas à l'admettre.

— Mais comment des êtres humains peuvent-ils devenir aussi pervers ?

— Ils ne le deviennent pas, ils le sont pas par nature, Emma. Car ce ne sont pas des hommes. Tout juste des *ersatz* d'humanité. Les sociopathes ou pervers narcissiques sont dénués d'empathie. Ils sont ce qu'ils possèdent et les relations humaines et sociales se résument pour eux à des relations d'intérêt. Ce sont des êtres humains sans affects, plus proches ainsi de machines cybernétiques que de l'homme… C'est difficile à entendre, mais il vaut mieux accepter l'inadmissible pour ne pas sombrer à nouveau. Et malheureusement, le mode de vie moderne, en glorifiant l'argent et la réussite personnelle au détriment des valeurs humaines traditionnelles, provoque une prolifération d'individus aussi dénués d'affects que des bactéries. Des virus qui, à force de destruction, ont phagocyté l'organisme social jusqu'à atteindre le haut de la pyramide. On est entrés dans une ère du vide dont il sera difficile de sortir.

Emma acquiesce à nouveau.

— Une dernière chose, Emma…, ajoute Élisabeth en posant sa main sur son bras. Je dois vous apporter un ultime élément… J'espère que cela vous aidera à comprendre et à vous reconstruire… Ces pages sont pour vous, dit-elle en lui remettant un extrait photocopié du journal personnel de Morlov retrouvé durant les perquisitions.

« Bien caché, mais pas assez pour les enquêteurs », ajoute Élisabeth Baltus.

Pour accéder à la fiche documentation sur :

Le pervers narcissique : syndrome d'une ère du vide ?

scannez ce code avec votre téléphone ou tablette équipé(e) d'une application :

CHAPITRE 30

SAINT JOHN'S

Emma Morelli est au centre depuis six mois. Victime d'un mari pervers narcissique —PN—, elle est arrivée en piteux état à la suite d'une tentative de suicide. Pas totalement détruite mais en proie, tantôt à un profond sentiment d'injustice, tantôt à une culpabilité dévorante. Son cas est typique des victimes de PN qui ont perdu tout repère consécutivement aux manipulations subies.

La première fois que je l'ai vue dans sa chambre, immobilisée par les contentions, offerte à mon regard, j'ai senti que ce serait elle le prochain sujet de mon expérimentation, comme j'en ai eu la confirmation en apprenant à mieux la connaître.

Elle présentait en effet toutes les prédispositions pour l'expérience sur les méthodes combinatoires d'induction que j'entendais mener.

En fonction des pathologies des patients, j'avais déjà pu tester la psychogénéalogie, les affirmations orientées, l'interprétation des rêves ou encore l'hypnose, seule, en tant que technique unique, mais j'entends les combiner sur ce sujet-là pour en évaluer l'efficacité que j'estime redoutable.

Rita Gori, infirmière, m'a apporté la première information capitale. Emma Morelli s'était spontanément rapprochée de Lucie Meunier et Fabien Alberti, les deux patients internés sous contrainte pour trouble aggravé de l'ordre public. J'ai fait en sorte de les diagnostiquer comme paranoïaques à tendance schizophrénique, même s'il allait être plus difficile de les en convaincre eux-mêmes, ces sujets me semblant offrir davantage de résistance mentale à cette pathologie induite.

Néanmoins, je ne désespérais pas de réaliser cette régression à l'état de névrose que quelques signes cliniques venaient par ailleurs corroborer. L'apparence est souvent plus crédible que l'essence et la pathologie était déjà admise par les tiers. Restait à faire céder les résistances mentales des sujets eux-mêmes.

C'est à ce moment-là que le cas Morelli m'a paru digne d'intérêt, la patiente se trouvant davantage fragilisée que les deux autres et les mécanismes de défense étant particulièrement mis à mal.

Si l'expérience se révélait positive avec elle, j'avais alors l'intention de l'appliquer ensuite aux deux autres sujets plus récalcitrants.

Pour ce qui est de Morelli, la suite des événements m'a confirmé que j'avais opté pour le bon profil d'expérimentation. Peu de temps après, j'ai en effet pu apprendre qu'elle avait rédigé, quelques années auparavant, un mémoire portant sur un roman de sorcellerie dans lequel un prêtre et sa paroissienne avaient été injustement persécutés par le système inquisitorial, « martyrs tout désignés d'une infâme cabale », m'expliquait-elle alors. Elle se plaignait elle-même d'avoir été victime de son mari PN qui avait obtenu la garde exclusive de leur fille. Une infirmière m'a également fait part de ses rêves récurrents de persécution, bien évidemment liés au traumatisme subi face à son ex-mari.

Il me paraissait ainsi assez aisé de faire passer ces symptômes pour ceux d'une paranoïa schizophrénique. Me restait à vérifier la possibilité d'une inversion pure et simple des rôles de bourreau/victime dans le paysage mental de la patiente.

Pourrais-je induire chez elle cette version des faits ? Telle était l'hypothèse que je cherchais à démontrer.

La petite idiote m'offrait sur un plateau les motifs de sa paranoïa, soit un terreau fertile propice à la mise en place du protocole.

Je ne me suis pas trompé. L'expérimentation a été rapide et efficace.

Notre société de l'image m'a servi de modèle de longue date. Séduction, jeu de reflets, diffraction des apparences et artifices… Un environnement au cœur duquel j'ai appris les bases de la manipulation mentale.

La société m'a offert les techniques et la psychiatrie le moule pour façonner les vies. Paranoïa, schizophrénie, trouble borderline, démence, hystérie… Tout *l'arsenal psychiatrique à ma disposition. Et quelques psychotropes en prime. Des potentialités immenses…*

Jusqu'à quel point un cerveau peut-il prendre le contrôle sur un autre et induire les pensées et les actes les plus pernicieux sans que le sujet ne s'en défende ?

Quelles sont les limites de la résistance de l'esprit humain ?

Le cas Morelli me permet aujourd'hui de confirmer l'efficacité de la combinaison des techniques d'induction entre elles. Avec Morelli, l'hypothèse de la totale malléabilité du cerveau est désormais vérifiée, les souvenirs des neuf années de mariage du sujet ayant été complètement altérés jusqu'à l'inversion escomptée du rôle bourreau/victime et ce, en seulement six mois ! Je n'en espérais pas tant.

Quel pouvoir de l'esprit… !

Une unique idée, simple idée, mais idée tenace, disposée au bon endroit, au bon moment dans le cerveau humain peut faire tellement de ravages ! Cela ouvre des perspectives inouïes.

L'expérience Morelli n'a malheureusement pu être transposée aux cas de Lucie Meunier et Fabien Alberti, comme je l'escomptais, ces derniers ayant quitté l'établissement sur la regrettable décision d'une consœur, Élisabeth Balthus.

En revanche, j'ai d'autres projets désormais.

J'infiltrerai encore davantage le cerveau humain pour en analyser le fonctionnement et le contrôler.

Après la régression, l'expérimentation se poursuivra avec d'autres patients, vraisemblablement Coralie Lefebvre qui me paraît être le sujet idéal, avec induction, non plus de simples pensées, mais cette fois-ci d'actes. Avec, un but suprême à atteindre… : susciter la pulsion criminelle chez un patient qui en est dépourvu !

Prise de contrôle totale et invisible du cerveau humain.

Ma plus grande réussite…

Mon ultime chef-d'œuvre !

CHAPITRE 31.

SAINT JOHN'S

Il a fallu six mois à Morlov pour détruire Emma.

Après la révélation d'Élisabeth Balthus, il aura fallu six mois à Emma pour enfin pouvoir quitter *Saint John's*.

La patiente a tout d'abord intégré un étage plus humanisé et regagne désormais petit à petit un monde dont elle se sent pourtant aujourd'hui étrangère. Elle en réapprend les codes et les usages, d'un air à la fois surpris et désappointé, comme un voyageur étranger découvre un pays inconnu.

La vérité a jailli vivement sans toutefois l'éblouir. Sûrement parce qu'elle n'a maintenant plus rien à perdre. Les épreuves sont derrière elle.

Elle se sent nue comme un nouveau-né.

Prête à tout réapprendre.

Elle observe chaque chose avec un regard neuf, une distance critique et tout la surprend.

Son premier étonnement dans sa nouvelle existence est venu en feuilletant le magazine *people* que lui a laissé Sophie, une infirmière qui venait d'arriver dans le service.

« Ce n'est pas de la grande littérature, mais ça vous changera les idées, Madame Morelli », a-t-elle lancé avec le sourire sincère de l'infirmière-stagiaire.

234

Emma n'a pas osé lui dire ce qu'elle pensait de ce type de magazine et s'est contentée de la remercier pour son attention. Sophie s'est alors retirée d'un pas léger, la conscience satisfaite par son geste altruiste.

Emma a entrepris un feuilletage mécanique. En page six, elle est tombée en arrêt devant une publicité pour un produit minceur. Cliché type du conditionnement féminin. Une jeune femme longiligne, en bikini, sur une plage de sable fin et un fond de mer transparent et turquoise, dans une posture dont le stéréotype ne le disputait qu'au ridicule... Elle bondissait en l'air, les jambes repliées sous elle, telle une fillette sautant à la corde, les bras tendus vers le ciel, rappelant à Emma ces jeunes filles exultant de lire leur nom sur la liste des candidats admis au rituel baccalauréat... Cliché *Truman show* d'un sourire fendant le visage d'une oreille à l'autre, car c'est forcément ça le bonheur : être mince, sur la plage, l'été, et surtout le montrer et être vue comme un objet de désir pour les uns et une source de jalousie pour d'autres moins chanceuses ou trop stupides de n'avoir pas suivi le régime minceur de l'année... N'est pas cigale qui veut ! Cette vision éthérée figée sur le papier glacé, insipide et sans densité, n'avait pas plus de réalité que les lignes de codes à la *Matrix*... Victime d'une société superficielle où le bonheur factice et stéréotypé est érigé en norme. Emma a alors à nouveau fixé le modèle. Le grotesque de l'idéal de bonheur véhiculé dans cette image n'a provoqué d'abord en elle que la pitié, puis un salutaire et gargantuesque éclat de rire.

Elle s'est alors revue, étudiante, à envier les femmes sur ces clichés.

Elle, la jeune femme qui voulait à la fois réussir et être belle. *Être parfaite* : sa quête perpétuelle.

Sa faille.

Emma n'a pu s'empêcher de s'indigner au nom de toutes les femmes :

Comment nous, les femmes pouvons-nous être en attente de tels clichés ?

Comment nous sommes-nous laissé implanter de tels besoins futiles dans notre esprit servile ?

La page suivante répondait à la précédente comme un écho. Une brochette de stars surprises pendant leurs vacances de rêve par des paparazzis peu scrupuleux satisfaisant les lectrices avides de divertissements.

Après s'être remise de son fou rire inextinguible, dans la solitude de sa chambre, Emma a mesuré son bonheur nouveau : celui de la lucidité.

Après de longues années de manipulation et d'aveuglement.

En même temps que ce sentiment d'étrangeté est né en elle, sa nouvelle acuité a prodigué à Emma une force d'une rare intensité. Revenue d'entre les morts, l'essence de la vie lui est apparue petit à petit clairement, comprenant que les épreuves lui avaient servi d'heureux révélateurs. La naissance de la vérité, comme tout accouchement, s'est faite dans la douleur et les larmes, mais une nouvelle vie s'ouvre désormais à elle.

Elle apprend maintenant à analyser sa propre existence avec une distance similaire, même s'il lui est encore difficile de comprendre comme elle a pu se laisser manipuler deux fois de suite.

Elle a douté de sa perception du monde, pensant que le prisme de son imagination avait pu le modeler à son image et déformer la vérité. Mais elle comprend aujourd'hui que la vérité ne peut venir que d'elle et non des apparences qui sont trop souvent trompeuses.

Elle apprend jour après jour à ne faire confiance qu'à son entendement et à s'affranchir du jugement des autres.

Elle connaît maintenant le chemin. Il lui faut désormais l'arpenter et ne plus s'en écarter, même lorsque cela semble plus commode. Car la voie la plus sage n'est pas d'abord celle de la facilité.

Par la fenêtre de sa chambre, Emma regarde ainsi l'environnement extérieur d'un autre œil, s'étonnant de tout.

Tellement de gestes et de paroles du quotidien paraissent désormais futiles et factices.

En ce dimanche matin de printemps, les patients de *Saint John's*, chaperonnés pour la plupart par des soignants, sont de sortie dans le parc, sous ses yeux. Leurs silhouettes forment de petites touches grises, roses ou bleues qui parsèment le jardin d'autant de fleurs nouvelles et d'herbes folles qui jaillissent de-ci de-là.

Emma les observe avec amusement.

Tableau auquel il faut ajouter l'agitation fébrile d'Arthur, le jardinier de *Saint John's* qui capte soudain l'attention d'Emma. Il s'affaire à la taille minutieuse des bosquets et à la tonte de la pelouse dans sa salopette bleu marine. Une pelouse toujours plus verte que celle du voisin, toujours mieux coupée : voilà la compétition à laquelle se livrent également tous les autres hommes le dimanche et les jours fériés, après s'être libérés de leur activité professionnelle. Car il faut encore qu'ils entretiennent leur maison comme les parents et cousins ont toujours fait. Un bosquet se doit d'être taillé régulièrement, la clôture repeinte tous les ans, la voiture renouvelée au rythme des modes et si possible toujours plus grosse et plus puissante que celle de son meilleur ami. Des normes invisibles, mais tellement pesantes pour chacun.

Emma réalise enfin la vanité de ces actes du quotidien…

Quand prenons-nous le temps de vivre, de profiter de notre repos et de notre jardin avec toutes ces nouvelles contraintes que chacun s'impose sans même y songer, sur le seul motif que c'est dans le cours des choses ?

Alors, ce jardin si minutieusement entretenu, avec ses bosquets bien taillés et ses couloirs géométriques, n'apparaît plus à Emma que comme le reflet de normes sociales kafkaïennes. Morne uniformisation létale, bien éloignée, des paysages de garrigue qu'elle aime tant, là où la nature s'exprime encore dans toute sa diversité, sans frein ni retenue, laissant jaillir ses plus folles curiosités et sa mosaïque de végétaux, dans un souffle anarchique. Heureusement, l'homme n'a pas encore pris plaisir à réfréner cette exubérance vitale ! Ici, seul le cerisier planté dans un angle du jardin de *Saint John's* semble faire acte de résistance. Ses fleurs écloses se répandent sous la libre volonté d'une brise et viennent saupoudrer la pelouse bien tondue de leurs indésirables pétales rosés pourtant impossibles à ratisser tant ils sont légers et indomptables.

Alors le regard d'Emma s'écarte du jardin extérieur et se tourne vers elle-même.

Accoutumée à sa nouvelle vie, étrangère au monde moderne, elle s'octroie enfin le droit de penser à sa fille, Louise, qui a désormais dix ans. La séparation et l'absence ont été des blessures trop vives et la douleur, proprement insupportable. Comme par un réflexe de survie, elle a fini par ne plus pouvoir penser à elle. Seul moyen de ne pas succomber. Elle était convaincue que dans le cas contraire, son sang se serait figé et son cœur se serait arrêté de battre tant le moindre souvenir lui dévorait l'âme.

Maintenant, c'est différent. Elle la sait en sécurité auprès de sa grand-mère et elle va bientôt la retrouver. Et elle s'y est préparée.

Élisabeth Balthus lui a apporté des photos récentes de Louise puis des lettres et aujourd'hui, elle va l'entendre. Louise a réclamé de parler à sa maman.

Emma se tient près du téléphone portable. Objet inattendu mais aussi quelque peu inquiétant car elle ne sait ce qu'elle pourra lui dire. Quels mots pourront briser la distance et les épreuves ?

La sonnerie finit par retentir.

— Allo, maman ?

— Ma chérie… tu m'as trop manqué, mon amour, chuchote

238

Emma, des sanglots dans la voix.

— Toi aussi, maman. J'ai trop envie de te revoir, crie presque l'enfant, surexcitée de joie.

En un instant, la barrière des années vient de s'écrouler.

Emma, comme Louise, sont enfin prêtes pour les retrouvailles.

CHAPITRE 32

SAINT JOHN'S

Ce dimanche, Emma franchit enfin le haut portail de fer gris de *Saint John's* comme on franchit les grilles d'une prison. Elle est déjà physiquement métamorphosée. Naturelle et rayonnante. C'est une femme séduisante, rajeunie, qui apparaît sur la place jouxtant l'hôpital, avec une coupe au carré rafraîchie par la coiffeuse de l'hôpital, seul artifice concédé par la jeune femme.

Le temps est gris, mais tout lui paraît plus lumineux, plus sonore, plus vibrant. Il lui semble avoir oublié l'odeur de l'air ambiant après ces mois d'enfermement. Elle respire un grand coup à s'en saouler. La vérité a calfeutré les années de doutes et de culpabilité redonnant à Emma dynamisme et courage, même si à l'intérieur, la plaie est toujours là, vive et douloureuse. Elle n'effacera jamais ses blessures, il lui faudra seulement apprendre à vivre avec.

Les cheveux au vent, dans une petite robe légère, elle respire le bonheur.

À quelques mètres de là, une fillette de dix ans patiente sur un banc, la main solidement accrochée à celle de sa mamie. Une impatience mêlée d'inquiétude traverse son regard d'enfant jusqu'à ce qu'elle voie la silhouette qui se détache du portail devant l'hôpital. Louise reconnaît alors immédiatement sa maman à sa démarche et s'élance vers elle.

Les bras maternels l'accueillent, chauds et doux comme une caresse.

Des éclats de rire ponctuent leur étreinte interminable, une même lueur radieuse brillant dans leurs yeux.

« Je t'aime, maman. »

La joie de Louise déborde, transportant Emma qui peine encore à réaliser son bonheur tant l'émotion l'emplit.

Une vieille dame rentre du marché son cabas plein de légumes sous le bras et sourit à la vision de cette étreinte émouvante, celle d'un bonheur évident. Mireille observe aussi, émue, les retrouvailles de sa fille avec sa petite fille. Les jours qui suivront, les gestes maternels réveilleront avec eux le bonheur perdu des moments simples.

Emma profite de chaque instant, goûte chaque seconde, apprécie ce que le présent veut bien lui offrir.

Pour commencer, elle a décidé de vivre avec Louise chez sa maman Mireille, le temps de se poser et réapprendre les gestes du quotidien. Dans son jardin, la tête bouclée d'une enfant de dix ans, rieuse et spontanée. Le visage d'une maman épanouie. Les années d'absence ont été gommées par la simplicité et l'évidence du bonheur.

Emma se nourrit désormais de cette ataraxie. Elle est tout simplement sereine et heureuse auprès de sa fille, à proximité de ses proches. Ouvrir les yeux sur sa vie et le monde lui a permis d'acquérir une distance nouvelle qui lui apporte le repos de l'âme et un sentiment d'accomplissement.

Elle s'est mise à écrire, aussi. L'écriture est sa meilleure thérapie et lui permet, par l'introspection, de se reconstruire. Elle comprend enfin qui elle est, ce à quoi elle aspire et apprend à l'affirmer en cessant de se conformer aux désirs ou aux attentes de ses proches. Elle a noirci des pages et des pages de sentiments nouveaux, de réflexions profondes et a décidé de se consacrer désormais pleinement à l'écriture. Elle comprend que cette expérience est aussi une rencontre avec son destin qu'elle assumera et réalisera jusqu'au bout. Elle se sent l'âme d'une artiste non dénuée de folie selon les critères de la société policée, mais une artiste qui accomplira son devoir de transmission et dont la folie saura se faire sagesse. Elle se souvient des « lanceurs d'alerte » mentionnés par Lucie à *Saint John's*. Elle se sent désormais dans leur camp.

Elle arpente aussi les forums et les réseaux sociaux, dans un besoin irrépressible de raconter son histoire et d'être comprise, mais aussi de réconforter les femmes toujours victimes.

Les gens de son passé qui la croisent ne la reconnaissent pas. Elle dégage une beauté nouvelle et une aura inhabituelle, reflets de sa plénitude intérieure. Les hommes la regardent autrement. Elle ne les voit pas.

Quelques semaines après son retour, elle est enfin prête pour le rejoindre. L'homme qui l'a patiemment attendue durant toutes ces années.

Elle est partie un matin dans une robe légère et fleurie. En route vers son destin.

Elle traverse les villes, une petite boule au ventre, excitante, puis arrive dans l'Aude, sa terre d'adoption.

Les villages de la vallée défilent à leur tour. Une route qu'Emma connaît si bien. C'est le même trajet qui la conduisait auparavant de son lycée à son domicile. La route de la souffrance et des angoisses. Mais, elle ne voit plus désormais que la beauté des paysages sauvages et respire l'odeur du soleil qui exhale la nature renaissante au printemps. Soleil qui perce fièrement derrière les nuages.

Elle se laisse guider jusque dans le renfoncement d'un chemin étroit où se dresse une demeure ancienne aux volets fermés et écaillés. Elle franchit le portail en fer rouillé par les intempéries et se gare dans la cour à l'arrière de la maison retirée. Une bruine fraîche, anecdotique, accompagne ses pas à sa descente du véhicule. De fins filaments de nuages clairsèment un ciel néanmoins bleu. Son premier regard est pour le jardin sauvage, baigné d'une lumière voilée. Un havre de paix niché dans le pays de Cabardès. La nature encore endormie ne demande qu'à s'éveiller. Une odeur âpre et revigorante s'élève de la terre chaude et humide et stimule ses sens qui se perdent au loin, à l'assaut de la montagne. Des arômes de thym, romarin, santoline et de lavande buissonnière titillent ses narines. À ses pieds, les premières orchidées dévoilent leur robe multicolore et parfumée pour attirer l'insecte mâle. Un peu plus loin, une grappe d'aconits bleutés est nichée un peu à l'écart dans la pierraille.

Un moment hors du temps qu'Alexandre partage aussi, un temps incrédule, du haut de son balcon, dans son fauteuil à bascule, en découvrant la visiteuse. Même s'il savait déjà, au fond de lui, que cet instant arriverait un jour.

La même énergie l'avait submergé la première fois qu'il avait rencontré Emma au lycée, au détour d'un couloir. Comment aurait-il pu expliquer cette impression familière de déjà vu tant souvent décrite des poètes, mais que seuls quelques privilégiés auront l'occasion de ressentir une fois dans leur vie ? C'est aujourd'hui la même émotion.

Son regard ne peut se détacher d'Emma lorsqu'elle descend de son véhicule et foule son jardin de ses escarpins, dans sa robe printanière. Il prend le temps de l'observer, discrètement, quelques secondes encore, du balcon du premier étage.

Emma est resplendissante. De ces beautés innocentes et vivifiantes.

Il se décide à la rejoindre et l'attend en haut des marches.

Lorsqu'elle l'aperçoit, le visage d'Emma s'illumine. Alexandre n'a jamais vu un visage rayonner avec autant d'intensité alors qu'elle le retrouve sous la marquise. Il goûte chacun de ses pas et détaille sa

243

silhouette, sa démarche gracile et féminine. Cette femme respire l'amour.

Sa femme. Cela ne fait aucun doute.

Quand elle arrive à son niveau, il la prend tout naturellement dans ses bras et savoure la pression qu'exerce le corps d'Emma contre le sien. Intimement bouleversés tous les deux, ils ne se lâchent plus. Avec évidence, il la tient collée à lui et dépose sur sa joue un tendre baiser. Sans un mot.

Elle se laisse bercer par la douceur de cet instant, ne se souciant de rien d'autre non plus.

C'est elle, la muse qu'il a tant attendue tout au long de sa vie, lui, l'Ostrogoth un peu désuet qui n'a jamais véritablement trouvé la femme capable de le compléter vraiment. Sa moitié égarée depuis un âge d'or immémorial dont il garde néanmoins l'empreinte.

Ils pénètrent, main dans la main, dans son antre, son refuge, un même sourire béat collé aux lèvres. Il lui fait rapidement visiter sa petite demeure et l'invite à s'introduire dans son sanctuaire, son bureau. Lieu de vie et de ressourcement.

Un petit escalier de bois permet d'y accéder.

Là, Emma découvre une pièce à la fois légèrement enclavée et lumineuse, d'une douce sérénité. Un espace conçu pour descendre au plus profond de soi-même. Un mur d'ouvrages philosophiques vient tapisser le fond de la pièce, splendide bibliothèque décorée en contrebas par des portes de bambous. Au mur, des idéogrammes japonais dans un encadrement de fabrication artisanale, également en bambou. Le cadre volontairement irrégulier a certainement été confectionné par Alexandre lui-même. L'ambiance est propice à la sérénité, la méridienne qui fait face à une baie vitrée ouvrant sur le jardin est une invitation au repos.

— Installe-toi comme chez toi, Emma. Je vais nous préparer du thé.

Alexandre disparaît dans la cuisine. Emma s'assied tout naturellement sur la méridienne, comme si ce geste quasi rituel avait été mille fois exécuté, profitant ainsi du paysage offert à la contemplation, le regard toujours attiré au sommet de la montagne diaprée de l'autre côté de la vitre. Elle parcourt également un peu plus en détail le bureau. Les objets sont peu nombreux, mais ils doivent être intimes et chers à Alexandre, comme ce sobre *katana* déposé en équilibre au-dessus de la bibliothèque, les fleurs et branches de l'*ikebana* qui pointent harmonieusement vers le plafond ou encore le brûle-encens en fonte dont émane une odeur de santal qui embaume les lieux.

Alexandre revient quelques minutes après avec deux bols en terre de thé parfumé sur un plateau en ardoise qu'il dispose sur une petite table basse devant Emma, avant de s'asseoir tout contre elle.

Elle se sent chez elle.

— Du thé vert au jasmin. Mon préféré avec le *sencha*.

Les yeux dans les yeux, leur regard tout comme leur âme transportée par les vapeurs de l'amour et du thé se fond dans l'autre devenu soi.

Alexandre glisse son bras droit autour des épaules d'Emma puis laisse son autre main vagabonde sillonner les jambes d'Emma. Si lisses et veloutées. Elles sont d'une douceur grisante. Ses mains y voyagent comme sur une terre ardemment désirée. Le grain de sa peau l'exhorte à une remontée au creux de ses reins, cambrure façonnée pour accueillir ses mains. Une même vibration les parcourt des pieds aux épaules au moment où les lèvres d'Alexandre se posent sur celles d'Emma et qu'il fouille sa bouche de sa langue aventureuse.

Les deux langues enroulées se livrent à un voluptueux ballet des sens.

Le cosmos s'efface derrière le désir sibyllin des deux amants.

Quelques semaines plus tard, Emma et Louise emménagent chez Alexandre. La petite fille s'y sent tout de suite à l'aise, elle aussi. Mère et fille abordent la vie autrement, débarrassées du superflu, ne conservant que l'essentiel. C'est une véritable renaissance pour elles deux. Au fil des jours, elles apprennent à cultiver un mode de vie sain, développent des habitudes mentales et spirituelles et s'éloignent des biens matériels. Elles se sentent exister tout simplement et Louise, si agitée enfant, découvre le plaisir d'une vie sereine, apprend à créer de ses mains, prend le temps d'observer la nature, d'échanger en famille, d'imaginer… sans télévision, sans publicité, sans pollution sonore ou visuelle, loin de tout formatage des consciences.

Une vie où chacun prend soin du bien-être et de l'épanouissement de l'autre. Simplement.

Les mois qui passent renforcent encore la complicité d'Emma et d'Alexandre. Une complétude encore jamais ressentie auparavant. Harmonie du corps et de l'esprit. Leur enthousiasme est toujours renouvelé autour de passions communes. Lecture, cinéma, écriture.

Le soir, après des échanges profonds autour d'un film choisi ensemble, d'un livre terminé souvent simultanément ou de leur journée d'écriture, ils achèvent la soirée dans une étreinte passionnée, où ils explosent l'un dans l'autre, avec ce sentiment si particulier d'abandon et de fusion que seuls quelques élus ont la chance de connaître un jour. Il leur semble faire l'amour pour la première fois à chaque étreinte, réveillant des zones du corps endormies, provoquant des émotions inouïes, dans un sentiment profond, doux et sauvage à la fois, et ils ne s'abandonnent au sommeil qu'une fois épuisés, lovés l'un contre l'autre.

C'est une histoire d'amour improbable, réunissant tous les antagonismes et rendant possibles toutes les invraisemblances. Une histoire où le romantisme côtoie le sexe ; la légèreté, la profondeur ; l'humour, la sagesse ; le calme, l'intensité. Ils découvrent ensemble ce qu'est vraiment *aimer, faire confiance, donner* et ressentent pour la première fois le plaisir de recevoir en retour.

Ils chérissent la vie simple et profonde vers laquelle ils avaient toujours tendu sans avoir jamais pu l'atteindre.

ÉPILOGUE.

LASTOURS

DEUX ANS PLUS TARD...

D'autres joies ont suivi.

Si son bonheur est complet, Emma ne cesse néanmoins de penser à Lucie et Fabien, ses compagnons d'infortune.

Où sont-ils désormais ? S'en sont-ils sortis ?

Un fil invisible mais ténu la lie à eux... Frère et sœurs de *Saint John's* : une expérience qui marque à jamais...

Impossible de tourner complètement la page sans savoir ce qu'ils sont devenus.

Après de longues recherches, enfin elle sait.

Les retrouvailles n'ont pas tardé. Pleines d'espoir et de promesses.

Lucie et Fabien sont encore très proches. Et vivants. De cette vitalité qui peut déplacer les montagnes. Ils sont toujours liés aussi par des projets communs qu'ils lui exposent lorsqu'ils se retrouvent ce soir-là, émus et réjouis, autour d'un bon repas au cœur du Cabardès. C'est l'occasion également pour Lucie de présenter à Emma son compagnon, Vincent, avec lequel elle travaille en tant que journaliste pour un média numérique. Ils forment tous les deux un joli couple. Très complices eux aussi.

Lucie est toujours affairée sur le net, leur explique-t-elle, dans des démarches contestataires et Fabien l'aide activement.

Les retrouvailles sont poignantes. Ils se remémorent leurs

échanges aussi passionnés qu'étonnants à *Saint John's* où trois fous déconnectés rêvaient de refaire le monde !

— Dire que j'ai perdu deux ans de ma vie là-bas, à me croire parano… soupire Emma.

— Ouais, mais ce n'était pas vain. Regarde où tu en es aujourd'hui, ma belle… Tout le chemin parcouru. Si on en a bavé, le combat en valait la peine, non ?

Lucie, n'a rien perdu de son ton enjoué et idéaliste. Pour balayer le passé, elle ajoute vivement :

— Alors…, prête à découvrir le fruit de notre travail ?

— Je n'attends que ça !

En un clic, la page d'accueil du site « *Blacklist* » s'affiche sous leurs yeux. Les mots s'exhibent sur le petit écran…

…L'appel à la révolte pour un monde plus juste…

Le refus de l'argent roi qui supplante l'affect…

Le retour à des valeurs, autres que marchandes…

Des mots dans lesquels Emma se reconnaît si bien. Tant de liens entre leurs trois parcours comparables qui ne cessent de se croiser…

Des dizaines et des dizaines d'autres pages continuent de s'afficher, proposant une multitude d'alternatives pour un autre monde, des solutions pour un avenir plus juste et plus humain.

Emma et Alexandre, médusés par l'ampleur du travail réalisé, prennent pleinement la mesure de ce qui est en train de s'accomplir.

— Mais comment avez-vous pu éviter la censure et l'internement forcé cette fois avec tout ça ? s'étonne Emma.

— Là, il a fallu faire attention… Fabien a tout géré avec l'aide d'autres activistes qui savent très bien comment s'y prendre pour effacer leurs traces et déjouer toute forme de pistage. Voilà dans les grandes lignes. Pour les subtilités, seul Fabien maîtrise…

Lucie conclut par un clin d'œil à l'intéressé.

— Néanmoins, cela n'a pas empêché la suppression de notre site à maintes reprises… Mais comme le Phénix, il renaît à chaque fois de ses cendres…

Du projet, Emma et Alexandre ne voient pour l'instant que la face apparente. Il leur faudra encore des semaines pour découvrir la partie immergée de l'iceberg et comprendre réellement l'action des membres, toujours plus nombreux, dans différents pays. Plus qu'on ne l'imagine.

Des membres pour lesquels la fraternité prévaut encore sur l'intérêt.

Le couple finira naturellement par rejoindre les troupes.

Ils ne peuvent rester silencieux quand le drame personnel vécu par Emma n'est que le raccourci, parabole simplifiée, d'un plus vaste engrenage.

Même imposture.

Même cupidité.

Même manipulation fallacieuse et perverse.

Ils mettent désormais leur plume au service de cette vaste entreprise.

*
* *

Aujourd'hui, la première action d'envergure est en marche. Une action très simple.

Il suffit de frapper là où ça fait mal.

Pour cela, ils savent qu'ils peuvent compter sur des millions de citoyens éclairés. Bientôt, ils iront tous réclamer à leur banque l'argent de leur épargne.

Dans deux jours exactement.

Bien sûr, cela fera exploser le système de vider les banques.

Il y aura une crise, de celle que l'on n'imagine même pas.

Mais une crise de celles qui peuvent changer le monde et ouvrir, enfin, les yeux des hommes marionnettes.

*Pour accéder à la fiche documentation sur **L'Histoire de la monnaie**,*
scannez ce code avec votre téléphone ou tablette équipé(e) d'une application :

REMERCIEMENTS

Je tenais à remercier vivement Dominique Barbier. La lecture de *La fabrique des pervers*[1] avait été une révélation. Qu'il me fasse l'honneur de préfacer ce roman a été une émotion immense !

Merci aussi à mes premiers relecteurs, tout particulièrement Brigitte, Valérie mais aussi maman, Déborah, Stéphanie, Muriel, Corinne, Bénédicte et les premiers visiteurs sur mon site, chroniqueuses, chroniqueurs qui m'ont encouragée à poursuivre...

Bien sûr, tout mon amour à Erik, mon homme et mon Pygmalion, sans lequel ce livre que je me devais d'écrire n'existerait pas... Merci pour sa patience et ses conseils inspirés.

Merci à maman, à ma fille, à tous mes proches.

Merci à tous les blogueurs, écrivains et certains journalistes indépendants dont la lecture m'a également fourni la documentation nécessaire à la rédaction de ce roman. Parmi eux, tout particulièrement, Sylvain Timsit de *sity.net* et Frédéric (qui se reconnaîtra)... veilleurs dans l'ombre... Continuez à alimenter la chandelle !

Merci enfin à toi, lecteur, qui m'a suivie jusqu'au bout, malgré les « entraves »...

---

[1] Barbier Dominique, *la Fabrique de l'homme pervers*. Édition Odile Jacob. 2013

L'auteur :

Passionnée par la psychologie, les sciences occultes et toutes les curiosités de la vie, Alexandra COIN écrit des thrillers et romans noirs en solo (*Entraves*. Éditions Aconitum. 2016) et à quatre mains avec son compagnon, Erik KWAPINSKI (*La Voie du Talion*. Éditions Aconitum. 2016).

Le prochain roman du couple, *Kiaï*, paraîtra en poche et numérique dans la collection « Plumes Noires » aux Éditions Souny en juin 2018.

Son site : alexandra-coin.com

Vous trouverez aussi sur ce site des compléments d'information en lien avec ce roman. Des *flashcodes* insérés à la fin de certains chapitres peuvent également vous y conduire directement.

Ces fiches traitent de :

- L'internement (ou placement) sous contrainte
- Le pervers narcissique : syndrome d'une ère du vide ?
- Les lanceurs d'alerte
- Brève histoire de la monnaie